JN420949

• 기본어법 · 회화 등 완성단계의 종합학습 •

만리장성 중국어 2

왕옥지 지음

문운당

머리말

깊은 잠에 빠져 있던 중국은 1979년 등소평의 개혁·개방정책을 실천한 후, 각 방면으로 비약적인 발전을 거듭하여, 오늘날 세계 제2의 경제대국으로 부상하며 미국까지 위협하고 있다.

문호개방을 한지 10여 년만인 1992년 8월 우리에게 거대한 허상으로만 인식되었던 중국은 한·중수교를 통하여 실상으로 우리에게 다가왔다. 이어 중국열풍도 불어왔고, 종전에 없는 일, 즉 우리나라에 대한 열풍도 중국은 물론 중화권 나라에서 불기 시작했다. 중국의 한류(漢流)와 우리의 한류(韓流)가 공존하고 있는 이 시대에 한·중 양국은 더 이상 어느 한쪽이 일방적으로 바라보고 있는 관계가 아니다.

한·중 양국의 관계와 교류가 발전을 거듭하면서, 중국어 교육이 강조되고 교재의 질적 수준이 요구되며, 중국에서는 물론 우리나라에서도 다양한 중국어 교재가 줄이어 출판되고 있다.

저자는 1998년 ≪기초중국어회화≫에 이어, 1999년에 ≪중급중국어≫, 2002년에 ≪기초중국어≫를 저술하였고, 중국어 교재의 질적 요구와 편집추세에 따라 새로운 교재의 저술이 간절하여, 2009년 ≪만리장성 중국어정복≫ 입문편과 초중급편, 2013년에는 입문단계의 종합학습인 ≪만리장성 중국어 1≫에 이어 완성단계의 종합학습인 ≪만리장성 중국어 2≫를 집필·개발하게 되었다.

외국어 학습은 아동에게는 학문이 아닌 암기와 습관의 과정이지만, 중학생 이상의 성인에게는 막연하게 암기 그리고 습관화해서 마스트하기에는 시간적 여유가 없다. 이들에게 효율적 학습방법은, 정확한 발음은 물론, 문형·용법 등을 동시에 습득하는 것이다. 발음과 어법은 외국어 학습에 있어 기초단계이고, 문형은 언어의 규칙이며, 정확한 외국어 구사능력과 활용능력을 향상시키는 중요한 도구가 된다. 그러나 학문적으로 심도 있게 다룰 필요는 없다.

이 책은 중국어 2 과정으로 중국어 1에 이어 '중국어 기본규칙'을 완성시켰다. 또한 중국어 1에서 다루어진 중국어 학습에 도움을 주는 '중국어 상식편' 에 이어, 중국어 학습에 대한 방안과 특징을 간명하게 다루었으며, 중국어 1에서 다루어진 중국어 '말의 기본규칙'인 '문형총론' 에 이어, '말의 기본규칙' 중 절반이상을 차지하는 '용법총론' 을 다루어 놓았다. 복잡한 문형을 분석하였고, 사용상 난의한 낱말을 예문과 함께 다루었으며, 인사말 등 여러 표현을 종합적으로 다루었으므로, 중국어 종합학습의 완성단계에 충실하려고 노력한 것이 주요특징이다.

끝으로 이 책이 여러분의 중국어 실력 향상에 유익한 벗이 되기를 바라며, 이 책의 출간에 힘써주신 문운당의 모든 분들께 감사드립니다.

2013년 8월

왕 옥 지

목 차

중국어학습의 지름길

회 화

번역

답안

용법총론

일러두기

명 명사	동 동사	능동 능동사
형 형용사	부 부사	양 양사
전 전치사	수 수사	성 성씨
접 접속사	피동 피동사	사동 사역동사
결보 결과보어	고명 고유명사	

중국어학습의

지름길

중국어학습의 지름길

어느 나라의 언어를 막론하고, 기본구조상의 공통점을 가질 수는 있으나, 그 나라만의 독특한 언어체계, 즉 '언어규칙'을 갖는다. 외국어 학습에 있어, 노력과 시간의 투자는 피해갈 수 없는 학습단계이며, 이 단계에 앞서 피해 갈 수 없는 것이 바로 '언어적 규칙'에 대한 학습이다. 이단계의 학습은 외국어 학습의 '지름길'이라고도 할 수 있다. 물론 '언어규칙'에 대한 깊이 있는 지식까지 요구하지는 않는다. 그러나 그 외국어만이 지니는 최소한의 '기본규칙'에 대한 마스트는 바로 외국어의 할용능력이며, 효율적이고 신속한 습득을 위한 일종의 '언어의 중추적인 도구'이다.

외국어 학습의 지름길 = '말의 기초규칙(문형+용법)' + '노력'

'중국말의 규칙'에 대한 학습단계는 만리장성 중국어1과 2에서 종합적으로 다루어지며, 책 맨 뒤에는 각각 '문형총론'과 '주요 용법총론'을 다루고 있다. 이 이외의 중국어특징에 대한 이해는 곧 중국어 학습의 지름길을 여은 좋은 '학습의 장'이 될 것이다.

1 중국어에는 양사가 풍부하고, 중국인들은 양사를 즐겨 쓴다. 산 · 강 · 길 · 다리(교량) 등에도 양사가 있다. 또한 명사 앞에 수사가 오면 양사의 생략이 불가능하다.

这(座)山 : 이 산	一座山 : 산 하나
这(座)桥 : 이 교량	一座桥 : 교량 하나
那(条)江 : 저 강	一条江 : 강 한 줄기
那(条)街 : 저 거리	一条街 : 거리 하나
这(节)课 : 이 수업	一节课 : 수업 한 시간
这(所)房子 : 이 집	一所房子 : 집 한 채

那(栋)房子 : 저 집　　　　一栋房子 : 집 한 채
那(滴)雨水 : 저 한 방울의 빗물　　　　一滴雨水 : 빗물 한 방울

2 '的' 대신 문언, 고문체인 '之 zhī'를 쓰는 경우도 있다.

皇家之风(황가의 풍격)　　　　我去之时(내가 갈 때)
你我之间(너와 나 사이)　　　　百分之十(백분의 십)

'你我之间'·'百分之十' 등과 같은 문장은 이미 실용화되었다. 여기에서 '之' 대신 '的'으로 쓸 수는 없고, '之' 대신 '的'자로 쓸 경우, '之' 뒤에 오는 명사는 백화로 써야 한다. 예를 들면, '皇家之风'을 '皇家的风格', '我去之时'를 '我去的时候'로 써야 한다.

3 '품사의 변화'가 많다. 즉 한 낱말이 여러 품사가 된다. 그러므로 외국어 학습에서 가장 어려운 어휘 익히기에 있어, 보다 쉬울 수 있다.

今天有运动大会. – 명사
(오늘 체육대회가 있다)

你每天运动吗? – 동사
(당신은 매일 운동을 하십니까?)

4 한자어 활용

① 완전 일치되는 한자어. 예) 教室(교실), 学校(학교), 时间(시간), 图书馆(도서관), 登山(등산), 葡萄(포도)
② 순수 우리말의 한자 사용. 예) 来(오다 : 올 '래'), 去(가다 : 갈 '거')
③ 글자의 도치(倒置). 예) 介绍(소개), 语言(언어)
④ 같은 한자어의 각각 다른 의미. 예) 汽车(기차 : 자동차), 认识(인식하다 : 알다)

회화

第一课 你家有几口人?

dì yī kè　　nǐ jiā yǒu jǐ kǒu rén

제 1 과　　너희 집에는 몇 식구가 있니?

가 족

새단어 生词 [shēngcí] 녹음1

• 口	kǒu	양	식구의 양사
• 谁	shéi, shuí	의대	누구, 누구입니까?
• 和…	hé	접	…와 (=跟 gēn)
• 老三	lǎo sān		셋째
• 爷爷	yéye	명	할아버지
• 奶奶	nǎinai	명	할머니
• 俩	liǎ		두 사람
• 口子	kǒuzi	명	식구
• 一块儿	yíkuàir	부	함께
• 乡下	xiāngxià	명	시골, 농촌(农村 nóngcūn)
• 兄弟姐妹	xiōngdì jiěmèi	명	형제자매
• 独生子	dúshēngzǐ	명	외(동)아들

제1과 회화(会话[huìhuà]) 녹음2

1

A：你家有几口人?
nǐ jiā yǒu jǐ kǒu rén?

B：我家有八口人.
wǒ jiā yǒu bā kǒu rén.

A：都有谁?
dōu yǒu shéi

B：都有爸爸，妈妈，一个姐姐，一个哥哥，一个妹妹，
dōu yǒu bàba, māma, yí ge jiějie, yí ge gēge, yí ge mèimei,

两个弟弟和我. 我是老三.
liǎng ge dìdi hé wǒ. wǒ shì lǎo sān .

2

A：你和爷爷，奶奶一块儿住吗？
nǐ hé yéye, nǎinai yíkuàir zhù ma?

B：不，他们小俩口子住(在)乡下.
bù, tāmen xiǎo liǎ kǒuzi zhù (zài) xiāngxià.

A：你有几个兄弟姐妹？
nǐ yǒu jǐ ge xiōngdì jiěmèi?

B：没有，我是(个)独生子.
méi yǒu, wǒ shì (ge) dúshēngzǐ.

A：你没有兄弟姐妹(啊)！
nǐ méi yǒu xiōngdì jiěmèi (a)!

B：是的.
shì de.

표현

1 일반적으로 '几口人'은 '식구의 수'를 묻는 말이고, '谁'와 '哪些人', '什么人'은 '가족의 구성'을 묻는 말이다.

2 '형제자매'의 서열과 관련된 말, '몇째'라는 표현은 통상 숫자 앞에 '老'자를 붙이며, 맏이와 막내는 숫자 대신 '大'와 '小'자를 붙인다.

老大	lǎodà	맏이
老二	lǎo'èr	둘째
老三	lǎosān	셋째
老小	lǎoxiǎo	막내
老几?	lǎo jǐ	몇째입니까?

문장분석

1. 都有爸爸，妈妈，一个姐姐，一个哥哥，

都: 부사 ①, 有: 동사 ③, 爸爸，妈妈，一个姐姐，一个哥哥: 목적어 ②

一个妹妹，两个弟弟和我.

一个妹妹，两个弟弟和我: 목적어 ②

2. 你和爷爷，奶奶一块儿住吗?

你和爷爷，奶奶: 주어, 一块儿: 부사, 住: 동사

가족표

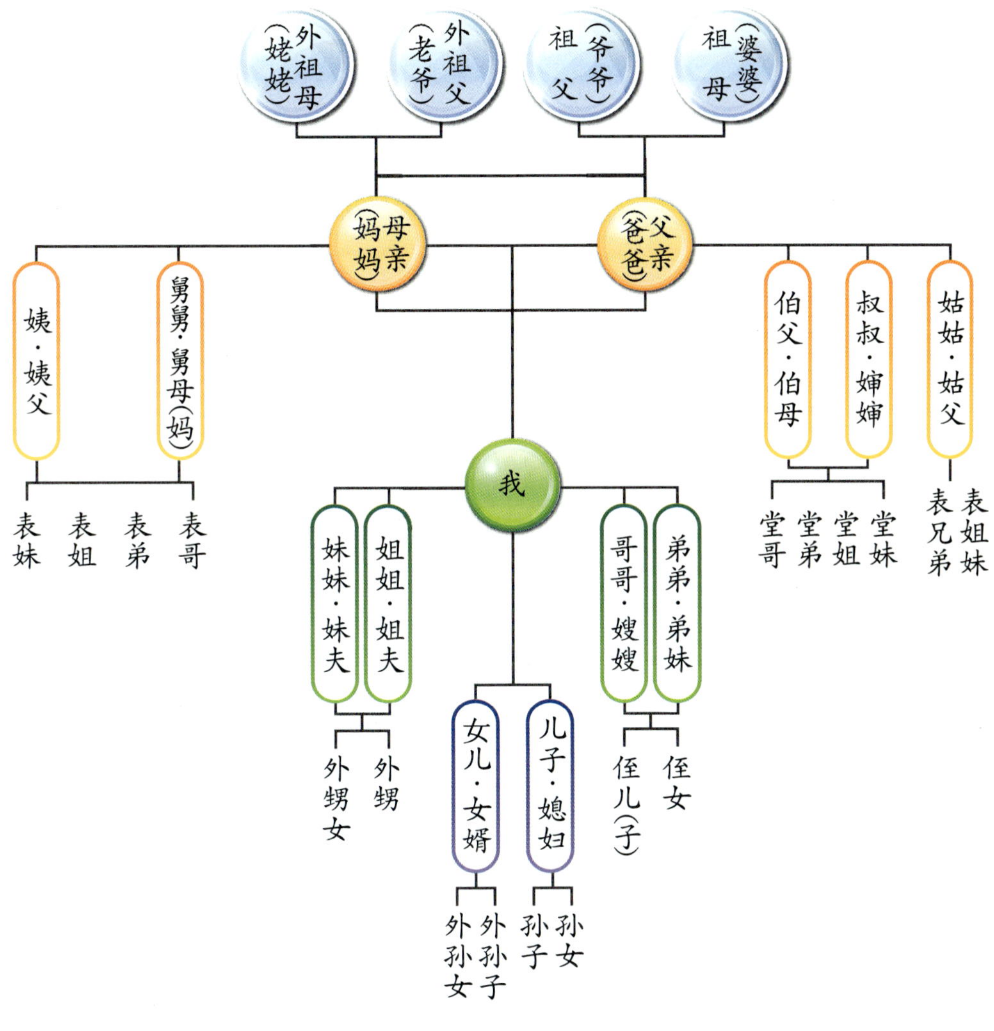

外祖母(姥姥)
外祖父(老爷)
祖父(爷爷)
祖母(婆婆)
母亲(妈妈)
父亲(爸爸)
姨·姨父
舅舅·舅母(妈)
伯父·伯母
叔叔·婶婶
姑姑·姑父
表妹
表姐
表弟
表哥
堂哥
堂弟
堂姐
堂妹
表兄弟
表姐妹
我
妹妹·妹夫
姐姐·姐夫
哥哥·嫂嫂
弟弟·弟妹
外甥女
外甥
女儿·女婿
儿子·媳妇
侄儿(子)
侄女
外孙女
外孙子
孙子
孙女

해설

外祖母(姥姥)：외할머니
外祖父(老爷)：외할아버지
祖父(爷爷)：할아버지
祖母(婆婆)：할머니
母亲(妈妈)：어머니
父亲(爸爸)：아버지
姨：이모
姨父：이모부
舅舅：외삼촌
舅母(妈)： 외숙모
表妹, 表姐 / 表弟, 表哥] 외사촌
伯父：큰아버지
伯母：큰어머니

叔叔：작은아버지
婶婶：작은어머니
姑姑：고모
姑父：고모부
堂哥, 堂弟 / 堂姐, 堂妹] 사촌
我：나
妹妹：여동생
妹夫：매부
姐姐：언니, 누나
姐夫：자형
外甥女：생질녀
外甥：생질
哥哥：형, 오빠

嫂嫂：형수
弟弟：남동생
弟妹：제수
侄儿(子)：조카
侄女：조카딸
女儿：딸
女婿：사위
儿子：아들
媳妇：며느리
外孙女：외손녀
外孙子：외손자
孙子：손자
孙女：손녀

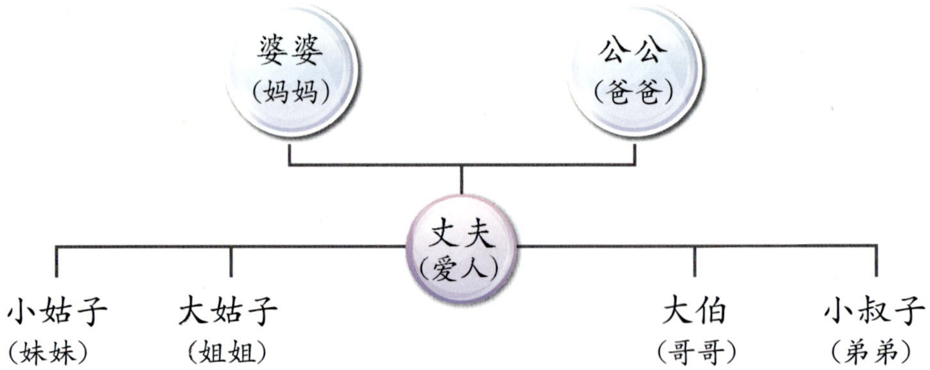

해설

婆婆(妈妈)：시어머니
公公(爸爸)：시아버지
丈夫(爱人)：남편
小姑子(妹妹)：작은고모

大姑子(姐姐)：처형
大伯(哥哥)：손위 처남
小叔子(弟弟)：손아래 처남

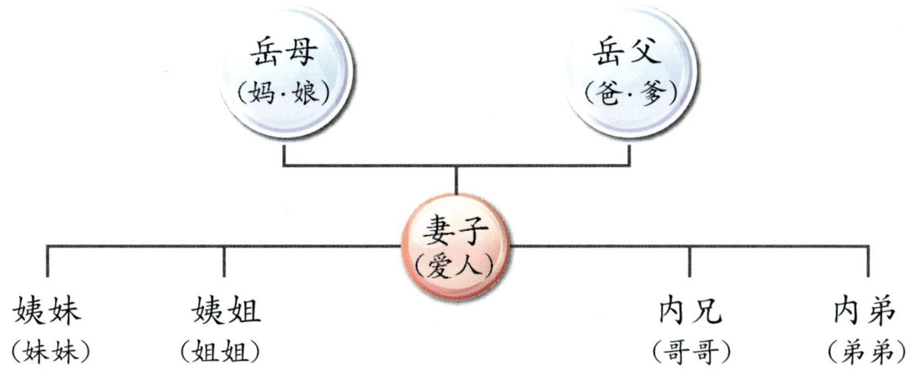

해설

岳母(妈 · 娘) : 장모
岳父(爸 · 爹) : 장인
妻子(爱人) : 처, 부인
姨妹(妹妹) : 처제
姨姐(姐姐) : 처형
内兄(哥哥) : 손위 처남
内弟(弟弟) : 손아래 처남

● 기타 호칭

중국인들은 나이를 막론하고 아이와도 친구의 개념을 갖는바, 아이를 '小朋友(어린 친구)'란 호칭을 사용하기도 하고, 남자아이일 경우, '小弟弟(작은 남동생)', 여자 아이일 경우 '小妹妹(작은 여동생)'로 호칭하기도 한다.

또한 자식을 '儿子(아들)', '女儿(딸)'로 호칭하기도 하고, 애칭으로는 '宝宝(보보: 보배)'로 부르기도 하는데, 서열에 따라 '大宝', '二宝' 등으로 부른다.

긴 문장 다지기

주 어 + 동 사 + 목적어

我同事　有　一本中韩辞典和两支圆珠笔.

wǒ tóngshì　yǒu　yì běn zhōnghán cídiǎn hé liǎng zhī yuánzhūbǐ.

나의 동료는 중한사전 한 권과 볼펜 두 자루가 있다.

① ③ ②

同事	tóngshì	동료
本	běn	책, 노트의 양사
辞典	cídiǎn	사전
支	zhī	연필 등의 양사
圆珠笔	yuánzhūbǐ	볼펜

주 어 + 부 사 + 동 사 + 목적어

他和赵同学还有赵同学的父母　一起　去　机场　了.

wǒ hé zhào tóngxué háiyǒu zhào tóngxué de fùmǔ yìqǐ　qù　jīchǎng　le.

그는 조동학, 또 조동학의 부모님과 함께 공항에 갔다.

① ② ④ ③

赵	zhào	조(성씨)
还	hái	또, 아직
机场	jīchǎng	공항

내 실력체크

听(tīng) 녹음3

1) 셋째　둘째

2) 할머니　할아버지

3) 시골　도시

4) 외아들　외동딸

说和写(shuō hé xiě)

1) Ⓐ :你家有几口人?

Ⓑ : ____________________

2) Ⓐ : 都有哪些人?

Ⓑ : ____________________

간자체 쓰기

한자	병음	필순
口	kǒu	丨 冂 口
谁	shéi	丶 讠 … 谁 谁
和	hé	㇒ 二 千 禾 禾 … 和 和
老	lǎo	一 十 土 耂 老 老
爷	yé	㇒ 八 … 父 … 爷
奶	nǎi	𡿨 … 女 … 奶
俩	liǎ	丿 亻 … 俩 俩
块	kuài	一 十 土 … 块 块

한자	필순
儿 ér	丿 儿
乡 xiāng	𠃋 乡 乡
兄 xiōng	丨 冂 口 尸 兄
弟 dì	丶 丷 䒑 当 弓 弟 弟
姐 jiě	ㄑ 女 女 如 如 姐 姐 姐
妹 mèi	ㄑ 女 女 女 奸 妹 妹 妹
独 dú	ノ 犭 犭 犭 犭 犭 独 独 独

문화 이야기

달, 월병 그리고 중추절

먼 옛날, 인간은 달에 대한 숭배의식을 가지게 되었다. 물론 보름달은 매 달 한 번씩 뜨지만, 음력 8월 15일은 달이 지구와 가장 가까이 접근해 있어 보름달 중에서도 제일 크고 밝다. 따라서 달에 대한 숭배일이 8월 15일의 보름달로 집약되었을 것이다. 고대 중국의 제왕들은 봄에는 태양신에게 가을에는 달신(月神)에게 제사를 지냈는데, 그 후 민간에서도 점차 달님에 대한 숭배풍습이 형성되었다. 중국에서는 주(周 : 기원전 11세기)나라 때는 '겨울맞이'와 '달님에 대한 제사' 등 행사가 있었고, 한(汉 : 기원전 206년~)나라 때는 노인을 공양하는 자에게는 "슝추빙(雄粗饼 : 기백이 넘치는 전병, 일종의 부드러운 쿠키 종류)"를 하사했다. 집에서 정성 들여 만든 투안웬빙(团圆饼 : 식구들이 모여 앉아 먹는 전병) 그리고 수박 · 사과 · 대추 · 자두 · 포도 등 제물로 차례를 지냈고, 투안웬빙과 수박은 반드시 있어야 하는데, 수박은 연꽃모양으로 잘라야 했다. 온 가족이 달님을 향해 절을 한 다음, 집안에서 가장 연로한 부녀자가 투안웬빙을 자른다. 자르기 전에 전 가족의 수대로 사람이 집에 있든 없든 모두 계산해서 식구수만큼 똑같은 크기로 나누어 잘라야 한다. 만일 임신한 여인이 있을 경우, 태아도 식구수에 포함을 시켜야 하며, 친정에 간 여인들은 이 날 반드시 시댁으로 돌아와야 한다. 당(唐 : 618년~)나라에 이르러 "상아(嫦娥)가 달로 날아갔다", "달 속에 토끼가 약초를 빻는다", "양귀비가 월신(月神)이 되었다", "황제가 월궁(月宫)을 유람한다" 등 이야기가 나오면서 '달님의 날'이 더욱 낭만적인 색채를 띠고, 달놀이 풍습도 흥행했다. 음력 8월 15일이 전국적인 명절로 발전된 것은 바로 당나라 때이다. 그러나 음력 8월 15일을 정식으로 '중추절(中秋节)'로 정한 시기는 북송(北宋 : 960년~) 때부터이다. 명(明 : 1368년~)나라 때는 궁전에서는 삶은 게를 즐겨 먹었으나, 민간에서는 '월병(月饼)' 즉, '투안웬빙'을 먹었다. 그리고 이때 '월병(月饼)'이라는 명칭이 나오게 되었다. 청(清 : 1644년~)나라 황궁의 월병 크기는 상상을 초월하는데, 청나라 마지막 황제인 부의(溥仪)황제가 신하인 소영(绍英)에게 하사한 월병은, 직경 2척(약 66센티미터), 무게는 20킬로그램 정도 된다. 또 당시 월병은 지금의 월병과는 달리 반드시 둥글고 커야 한다.

지금 음력 8월 15일은 중국에 있어 여전히 '설' 다음으로 손꼽는 명절이지만, 오늘

날 중추절의 풍습은 옛보다 훨씬 성행하지 못하며, 설과 비교도 할 수 없이 검소하게 이 날을 보낸다. 그러나 여전히 월병을 먹고 달을 감상하며, 소원을 빈다. 오늘날의 월병은, 반드시 보름달처럼 원형만 고집하지는 않는다. 원형 · 사각형 · 삼각형 등 모양을 비롯하여 작은 것에서부터 적당한 크기의 각양각색의 월병이 시중에 나오고 있다.

우리나라에는 '추석(秋夕)' · '한가위' · '가배일' · '중추가절'로, 중국과는 달리 설과 더불어 최대의 명절이다. 그리고 우리는 중국의 월병과 같이 '송편'을 먹는데, 우리의 송편은 왜 반달모양인지? 원래부터 반달모양인지? 궁금하다.

중국의 월병(http://image.baidu.com에서 사진 인용)

第二课 我俩是从中国来的.

dì èr kè　　wǒ liǎ shì cóng zhōngguó lái de.

제 2 과　　우리 둘은 중국에서 온 것입니다.

한국으로 유학 온 중국 남녀 유학생

새단어 生词 [shēngcí] 녹음4

• 从	cóng	전	…로부터, …에서
• 留学生	liúxuéshēng	명	유학생
• 巧	qiǎo	형	공교롭다
• 中文	zhōngwén	명	중문, 중국어
• 系	xì	명	학과 = 学系
• 互相	hùxiāng	부	서로
• 留	liú	동	남기다, 붙잡다
• 手机	shǒujī	명	핸드폰
• 号(码)	hào(mǎ)	명	번호
• 改天	gǎi tiān		날을 바꾸다
• 连系	liánxì	명 동	연락(하다)
• 想	xiǎng	동 능동	보고 싶다, 생각하다, …하고 싶다,
• 好	hǎo	형 동 결보	좋다, 좋은, 되다(好+了), 다, 잘(동사+好)
• 小	xiǎo	형 동	작다, 작은, 작아지다(小+了), 小+성씨
• 可以	kěyǐ	능동	…할 수 있다, (…해도) 되다
• 学习	xuéxí	명 동	학습(하다), 배우다
• 主意	zhǔyì	명	생각, 아이디어
• 次	cì	양	번(회수를 나타냄)
• 怎样	zěnyàng		어떻게, 어때?
• 挺	tǐng	부	매우, 아주(= 很)
• 一言为定	yìyánwéidìng		한 마디로 정한다, 말을 바꿀 수 없다.

제2과 회화(会话[huìhuà]) 녹음5

1

A：你俩是从哪儿来的？是留学生吗？
nǐ liǎ shì cóng nǎr lái de? shì liúxuéshēng ma?

B：是的．我俩是从中国来的．
shì de. wǒ liǎ shì cóng zhōngguó lái de.

A：真巧，我上中文系．
zhēn qiǎo, wǒ shàng zhōngwénxì.

B：是吗？我们读韩语系(呢)．
shì ma? wǒmen dú hányǔxì (ne).

A：互相留个手机号码．改天再连系．
hùxiāng liú ge shǒujī hàomǎ, gǎi tiān zài liánxì.

B：好的．
hǎo de.

2

A：我很想学好汉语．小金，你呢？
wǒ hěn xiǎng xué hǎo hànyǔ, xiǎojīn nǐ ne?

B：我也是．
wǒ yě shì.

C：咱们可以互相学习．
zánmen kěyǐ hùxiāng xuéxí.

A：真是个好主意．一个星期见两三次，怎样？
zhēn shì ge hǎo zhǔyì. yí ge xīngqī jiàn liǎng sān cì, zěn yàng?

挺好的，一言为定．
tǐng hǎo de, yìyánwéidìng.

용법과 표현

1 '是…的'의 강조용법

"是…的"문은 ① '的' 뒤 명사의 생략으로 명사화되는 것 이외 ②강조의 표현으로, '…한 것이다'란 뜻을 나타낸다. 또한 강조문에서 '是'와 '的'자를 없애면 '강조의 어기'가 아닌 '평술어의 표현'이 되며, 평술어인 경우, 상황에 따라 문미에 '了'자를 붙여야 한다.

这是我的汉语课本. 那是他的. 명사의 생략
zhè shì wǒ de hànyǔ kèběn. nà shì tā de.
이것은 나의 중국어 교과서고, 저것은 그의 것이다.

这 zhè 이(지시대명사)
课本 kèběn 교과서

姑姑是早上来的. 강조
gūgu shì zǎoshang lái de.
고모께서는 아침에 온 것이다.

姑姑 gūgu 고모
早上 zǎoshang 아침

姑姑早上来了. 평술어
gūgu zǎoshang lái le.
고모는 아침에 왔다.

2 '想'의 동사와 능동사적 용법

① 想의 동사적 용법

그립다, 그리워하다, 생각하다, 생각건대

주 어 + 부 사 + 능동사 + 동 사 + 목적어

我		想	家.
wǒ		xiǎng	jiā

나는 집이 그립다.

你	好好	想	吧.
nǐ	hǎhāo	xiǎng	ba

너 잘 생각해.

好好 hǎohāo 잘

我		不想	家.
wǒ		bù xiǎng	jiā

나는 집이 그립지 않다.

② 想의 능동사적 용법

想(능동사) + 동사 : …하고 싶다

我	想	喝	可乐.
wǒ	xiǎng	hē	kělè

나는 콜라가 마시/고 싶다.
1 4 3 2

可乐 kělè 콜라

我	不想	吃	饭
wǒ	bù xiǎng	chī	fàn

나는 밥 먹고 싶지 않다.

3 양해를 구하는 표현: 可以(능동사)

可以+동사 : …할 수 있다, (…해도) 되다

A : 我可以开窗戶吗?
wǒ kěyǐ kāi chuānghù ma?
제가 창문을 열어도 될까요?

B : 可以.
kěyǐ.
됩니다.

开 kāi 열다
窗戶 chuānghù 창문

A : 老师, 我可以走吗?
lǎoshī, wǒ kěyǐ zǒu ma?
선생님, 저 가도 됩니까?

B : 等一下, 还不能走.
děng yíxià, hái bù néng zǒu.
좀 기다려, 아직 갈 수 없어.

走 zǒu 걷다(走路), 가다

等 děng 기다리다
一下 yíxià 한 번, 좀

'走'와 '去'

'走'는 '걷다'란 뜻 이외, '가다'란 뜻으로도 사용된다. '去'와의 차이는 '去'는 목적지가 있고, '走'는 목적지가 없고 단순히 '그곳에서 떠남'을 나타낸다.

4 '好'의 결과보어 용법

'好'는 원래 형용사이며, 뒤에 '了'를 붙여 동사화하여 '되다'의 뜻을 갖는다. 동사 뒤에 쓰여 동작의 결과를 나타내며, 이때 '好'는 결과보어로, '잘' 또는 '다' 등의 뜻을 가진다. 우리말 어순과는 반대로 이루어질 뿐 아니라, 우리말에서는 부사가 된다.

饭好了.
fàn hǎo le　　밥이 됐다.

동사 + 好(결과보어)　① (…를) 잘 (하다)
② (…를) 다 (하다), (…를) 완료하다 (好=完)

请拿好发票.
qǐng ná hǎo fāpiào.
영수증을 잘 가지세요.

> 发票 fāpiào 영수증
> = 收据 shōujù

饭都做好了.
fàn dōu zuò hǎo le.
밥이 모두 다 되었다.

5 '小+성씨'와 '老+성씨'

10대, 20대 젊은이에게 성씨 앞에 '小'자를 붙여 사용할 수 있다. 손아랫사람에게, 또는 젊은이 사이에서 부담 없이 부르는 호칭이다. 선생님이 학생을 부를 때도 '小+성씨'(~군)로 호칭할 수 있다.

30,40대 이상일 경우, 성씨 앞에 '老'자를 붙여 칭할 수 있는데, 서로 부담 없는 관계일 경우에 사용되며, 직분이 낮은 사람에게도 사용된다.

문장분석

1. 我很想学好汉语.

我	很	想	学	好	汉语
주어 ①	부사 ②	능동사 ⑤	동사 ④	결과보어	목적어 ③

'요일' 관련 표현

星期 xīngqī	=	礼拜 lǐbài	=	周 zhōu	요일
星期一		礼拜一		周一	월요일
星期二	=	礼拜二	=	周二	화요일
星期三	=	礼拜三	=	周三	수요일
星期四	=	礼拜四	=	周四	목요일
星期五	=	礼拜五	=	周五	금요일
星期六	=	礼拜六	=	周六	토요일
星期天(日)	=	礼拜天(日)	=	周日	일요일
一个星期	=	一个禮拜	=	一周	일주일
上个星期	=	上个禮拜	=	上周	지난주
下个星期	=	下个禮拜	=	下周	다음주
这个星期	=	这个禮拜	=	这周	이번주

礼拜 lǐbài 요일, 예배
周 zhōu 요일

'때(시간)' 관련 표현

上午 shàngwǔ 오전	下午 xiàwǔ 오후
中午 zhōngwǔ 정오	早上 zǎoshàng 아침
早晨 zǎochén 이른 아침	清早 qīngzǎo 새벽(=清晨 qīngchén)
白天 báitiān 낮	晚上 wǎnshàng 저녁(밤)
半夜 bànyè 야밤, 한밤중	夜晚 yèwǎn 한밤중

短文阅读 duǎnwén yuèdú 짧은글 독해

我们班有三十个学生，其中，五个，英语非常好．我很羡慕．

我们班还有两个外国学生．其实，他们上课赶不上，很吃苦．

我教给他们一句话："妈妈，我上学回來了"

wǒmen bān yǒu sān shí ge xuésheng, qízhōng, wǔ ge, yīngyǔ fēicháng hǎo. wǒ hěn xiànmù. wǒmen bān hái yǒu liǎng ge wàiguó xuésheng, qíshí, tāmen shàng kè gǎn bú shàng, hěn chīkǔ. wǒ jiào gěi tāmen yí jù huà: "māma, wǒ shàngxué huí lái le"

班	bān 반	其中	qízhōng 그 중
英语	yīngyǔ 영어	非常	fēicháng 매우, 아주, 비상
羡慕	xiànmù 부러워하다	其实	qíshí 사실(은)
外国	wàiguó 외국	吃苦	chīkǔ 고생하다. 苦 : 고생하다, (맛이) 쓰다.
赶不上	gǎnbushàng 따라가지 못하다	话	huà 말(언어)
给	gěi 주다, …에게	回來	huílái 돌아오다
句	jù 구절		

내 실력체크

听(tīng) 녹음6

1) 중문　　영문　　2) 핸드폰　　전화

3) 연락하다　　잇다　　4) 생각　　주인

5) 유학생　　재학생　　6) 목요일　　토요일

说和写(shuō hé xiě)

1) Ⓐ :你是从哪儿来的？

Ⓑ : ____________________

2) Ⓐ : 你读哪个系？

Ⓑ : ____________________

英国 yīngguó 영국

간자체 쓰기

从	cóng	丿 人 从 从
留	liú	… 留
巧	qiǎo	一 丅 工 … 巧
文	wén	丶 亠 … 文
系	xì	… 系
互	hù	一 … 互
相	xiāng	一 十 才 木 … 相
手	shǒu	一 二 三 手

机 jī	一 十 才 木 机 机
码 mǎ	一 ア 不 石 石 矷 码 码
改 gǎi	㇆ コ 己 己' 己' 改 改
连 lián	一 七 左 车 ˋ车 连 连
想 xiǎng	一 十 才 木 木 杋 相 相 相 相 想 想 想
可 kě	一 丁 ㄇ 可 可
以 yǐ	丨 ㇄ 以 以 以
习 xí	㇆ 习 习
主 zhǔ	丶 亠 亡 主 主

次 cì	丶 冫 冫 冫 冫 次
怎 zěn	丿 𠂉 𠂉 乍 乍 乍 怎 怎 怎
样 yàng	一 十 木 木 木 木 栏 栏 栏 样
挺 tǐng	一 十 扌 扌 扌 扌 扌 扌 挺 挺
言 yán	丶 亠 亠 亠 言 言 言
为 wéi	丶 丿 为 为
定 dìng	丶 丶 宀 宀 宁 宁 宇 定

第三课 你的嗜好是什么?

dì sān kè nǐ de shìhào shì shénme

제 3 과 너의 취미는 무엇이니?

취미생활과 가사일

새단어 生词 [shēngcí] 녹음7

• 嗜好	shìhào	명	취미, 여가
• 对…感…	duì…gǎn…		…에 대하여 …를 느끼다.
• 兴趣	xìngqù	명	흥미, 취미
• 钓魚	diàoyú	동	낚시(하다)
• 有时	yǒushí	부	때때로, 어떤 때 = 有時候(hòu), 有的時候
• 打	dǎ	동 양	때리다, 치다, (…를) 하다(손으로 하는 운동), (전화를) 걸다, 다스
• 乒乓球	pīngpāngqiú	명	탁구
• 平常	píngcháng	부	평상시
• 喜欢	xǐhuān	동	좋아하다 = 爱 ài(사랑하다)
• 炼	liàn	동	연습하다, 단련하다
• 气功	qìgōng	명	기공
• 或者	huòzhě		혹은(= 或是)
• 登山	dēngshān	명 동	등산(하다), 登 : 오르다
• 过	guò	동 조	건너다, 지내다, '동사 + 过'…한 적이 있다(과거경험), 过去 : 과거
• 还	hái	부	아직, 또
• 为什么	wèishénme	의대	왜, 무엇 때문에
• 找	zhǎo	동	찾다, 물색하다, (돈을) 거슬러 주다
• 一天	yìtiān		하루, 找一天 : 날을 잡다

一起	yìqǐ	부	함께, 같이 (=一块儿)
周末	zhōumò	명	주말
些	xiē	양	복수를 나타내는 양사
散步	sànbù	명 동	산보(하다)
看	kàn	동	보다
书	shū	명	책
电視	diànshì	명	TV, 텔레비전
打扫	dǎsǎo	동	청소하다
房间	fángjiān	명	방
洗	xǐ	동	씻다, 빨래하다
衣服	yīfú	명	옷, 의복, 服装 fúzhuāng 복장, 服装店 옷가게
打工	dǎgōng	동	아르바이트하다
辛苦	xīnkǔ	형 동	고생스럽다, 고생하다
沒什么	méishénme		괜찮다, 별말씀을요

고유명사

泰山	tàishān	지명	태산

제3과 회화(会话[huìhuà]) 녹음8

1

A：你对什么感兴趣？
nǐ duì shénme gǎn xìngqu?

B：钓鱼，有时，打乒乓球. 你呢？
diàoyú, yǒushí, dǎ pīngpāngqiú, nǐ ne?

A：我平常喜欢炼气功. 或者，去登山.
wǒ píngcháng xǐhuān liàn qìgōng, huòzhě, qù dēngshān

B：你去过泰山吗？
nǐ qù guo tàishān ma?

A：还没去过.
hái méi qù guo.

B：为什么还没去？我很想登泰山.
wèishénme hái méi qù? wǒ hěn xiǎng dēng tàishān.

A：找一天，一起去吧.
zhǎo yì tiān, yìqǐ qù ba.

2

A : 周末做(些)什么?
zhōumò zuò(xiē) shénme

B : 散散步, 看看书. 看看电视, 还打扫房间,
sànsanbù, kànkan shū. kànkan diànshì, hái dǎsǎo fángjiān,

洗洗衣服, 你呢?
xǐxi yīfú, nǐ ne?

A : 我打工.
wǒ dǎgōng.

B : 真辛苦啊.
zhēn xīnkǔ a.

A : 没什么.
méishénme.

용법과 표현

1 '些'의 용법

'些'는 양사로 '약간'의 뜻이나 '복수'를 나타낸다. 원래는 앞에 '一'을 붙여 '一些'가 원 단어인데, 문장에 쓰일 경우, 즉 이 단어 앞에 동사 혹은 형용사 혹은 지시대명사 등이 있으면 '一'을 종종 생략해서 쓴다.

一些人(旅客).
yì xiē rén (lǚkè).
약간의 사람들(여객들) / 여객 약간 명

旅客 lǚkè 여객

有(一)些客人沒有礼貌.
yǒu (yì)xiē kèrén méiyǒu lǐmào
어떤 손님들은 예의가 없다.

客人 kèrén 손님
礼貌 lǐmào 예의, 인사성

这(一)些人都是美国人.
zhè (yì)xiē rén dōu shì měiguórén
이 사람들은 모두 미국인이다.

美国人 měiguórén 미국인

2 동사의 중첩

중국어에서는 동사가 중첩되어 ① '좀…하다'의 의미를 가지며, '동사+동사' 또는 '동사 + 一 + 동사' 또는 '동사 + 一下', '看(보다)' 이외의 동사인 경우, 또 '동사중첩+看'으로 이루어진다. ② 평상시 늘 하는 일에 대해 가볍고 편안한 의미를 갖기도 한다.

① 问(wèn 묻다) : 问问(좀 물어 보다) = 问一问 = 问问看 = 问一下
看(kàn 보다) : 看看(좀 보다) = 看一看 = 看一下
写(xiě 쓰다) : 写写(좀 쓰다) = 写一写 = 写写看 = 写一下
运动(운동하다) : 运动运动(운동 좀 하다)

② 주 어 + be 동사 + 주격보어

看看电视，逛逛街 是 她的日常生活.
kànkan diànshì, guàngguang jiē shì tā de rìcháng shēnghuó
TV 좀 보고, 쇼핑 좀 하는 것은 그녀의 일상생활이다.

逛街 guàng jiē 쇼핑하다, 구경하다

"看看电视, 逛逛街"에서 '동사의 중첩'은 평상시 하는 일에 대해 가볍고 편안한 의미가 내포되어 있다.

3 '來(去) + 동사'와 '동사 + 來(去)'

동사 '来(오다)'와 '去(가다)'는 다른 동사 앞 또는 뒤에 와서 '동작의 방향'을 나타내는 방향동사가 된다. 앞에 올 경우, "…하러 오다", "…하러 가다"의 표현이며, 뒤에 올 경우, "… 오다" 또는 "…가다"의 표현이다.

① '來(去)+동사'

来 +동사+목적어

我来 上课.
wǒ lái shàngkè.
나는 수업하러 온다.(왔다)

去 +동사+목적어

我去 买 牛奶.
wǒ qù mǎi niúnǎi.
나는 우유를 사러 간다.

牛奶 niúnǎi 우유

我来逛街.
wǒ lái guàngjiē
나는 쇼핑하러 왔다.

我去看电影.
wǒ qù kàn diànyǐng(r)
나는 영화를 보러 간다.

电影 diànyǐng(r) 영화

② '동사+來(去)'

동사 + 来

带(拿) 来 了.
dài(ná) lái le
휴대하고(가지고) 왔다.

进 来
jìn lái
들어와, 들어오다.

동사 + 去

带(拿) 去 了.
dài(ná) qù le
휴대하고(가지고) 갔다.

进 去
jìn qù
들어가, 들어가다.

③ '동사+來(去)' 표현 뒤에 목적어가 없으면 동사와 방향동사는 이어 쓰지만, 목적어가 있으면, 목적어는 동사와 방향동사 사이에 위치한다.

동사 + 목적어 + 来

带 合饭 来.
dài héfàn lái
도시락을 가져와. (가지고 온다)

他进 屋里 来了.
tā jìn wū lǐ lái le.
그는 방안에 들어왔다.

동사 + 목적어 + 去

带 合饭 去.
dài héfàn qù
도시락을 가져가.(가지고 간다)

他进 屋里 去了.
tā jìn wū lǐ qù le.
그는 방안에 들어갔다.

合饭 héfàn 도시락(=便当 biàndāng)
屋 wū 방(=屋子 wūzi)

4 과거경험 : '동사 + 过'

중국어의 과거경험 '…한 적이 있다'는 동사 뒤에 '过'자를 붙여 나타낸다. 그리고 "밥을 먹었다"란 표현에도 '过'자를 즐겨 쓴다.

我父母去过台湾的101购物中心.
wǒ fùmǔ qùguò táiwān de yāo líng yāo gòuwù zhōngxīn.
나의 부모님께서는 대만의 101쇼핑센터에 가본 적이 있다.

台湾 táiwān 대만

购物中心 gòuwù zhōngxīn 쇼핑센터

你吃过饭吗? = 你吃饭了吗?
nǐ chī guo fàn ma = nǐ chī fàn le ma
너 밥 먹었니?

我吃过了
wǒ chī guo le
나는 먹었다.

어휘의 사용

1 '過'의 동사적 표현

① 건너다

儿童们过天桥.
értóngmen guò tiānqiáo.
아동들은 육교를 건넌다.

儿童 értóng 아동
天桥 tiānqiáo 육교

你过来(去)一趟.
nǐ guòlái(qù) yítàng. 〔왔다 가다(갔다 오다)〕
너는 한 번 건너왔다 가라(갔다와라)

一趟 yítàng 한 번

② 생활(생일)을 지내다(보내다)

我自己一个人过生活(生日).
wǒ zìjǐ yí ge rén guò shēnghuó(shēngrì)
나는 혼자서 생활(생일)을 지낸다.

自己 zìjǐ 자기, 자신

我自己一个人生活.
wǒ zìjǐ yí ge rén shēnghuó.
나는 혼자서 생활한다.

生活 shēnghuó 생활(하다)

2 '打'의 여러 표현

① 동사 : 때리다, 치다, (전화를) 걸다, (손으로 하는 운동 또는 오락 등) '…하다'

他打我.
tā dǎ wǒ.
그가 나를 때린다.

我打电话.
wǒ dǎ diànhuà.
나는 전화를 건다.

电话 diànhuà 전화

青年们打排球.
qīngnián men dǎ páiqiú.
청년들은 배구를 한다.

青年 qīngnián 청년
排球 páiqiú 배구

爸爸打牌.
bàba dǎ pái.
아버지는 카드를 친다.

打牌 dǎ pái 카드를 치다

② 양사 : 다스

铅笔一打.
qiānbǐ yì daǎ.
연필 한 다스.

铅笔 qiānbǐ 연필

3 辛苦 = 吃苦 chīkǔ = 受苦 shòukǔ. 苦: (형) 쓰다. 고생하다

① 형용사 : 고생하다, 고생스럽다

父母非常辛苦.
fùmǔ fēicháng xīnkǔ.
부모님은 매우 고생한다.

② 동사 : 고생하다

老師, 辛苦了.
lǎoshī, xīnkǔ le.
선생님, 수고하셨습니다.

辛苦你了.
xīnkǔ nǐ le
당신 고생했어요.

4 '喜欢'과 '爱'

'爱'는 원래 '사랑하다'란 뜻인데, 또 '喜欢'과 같이 '좋아하다'의 뜻으로 사용된다. 단, '爱'가 '좋아하다'란 의미로 사용될 경우, 뒤에 동사가 반드시 수반되어야 한다.

我爱(喜欢)你.
wǒ ài nǐ
나는 너를 사랑(좋아)해.

我喜欢喝茶.(=爱)
wǒ xǐhuān hē chá

我喜欢打棒球.(=爱)
wǒ xǐhuān dǎ bàngqiú

棒球 bàngqiú 야구

我喜欢棒球(≠爱)

阿姨喜欢打麻将(=爱).
āyí xǐhuān dǎ májiàng (=aì)
이모는 마작을 하는 것을 좋아한다.

阿姨 āyí 이모
麻将 májiàng 마작

我喜欢吃小菜饭(=爱).
wǒ xǐhuān chī xiǎocàifàn (=aì)
나는 정식을 먹기 좋아한다.

小菜饭 xiǎocàifàn 정식

我喜欢小菜饭(≠爱).

긴 문장 다지기

A : 你忙什么? (忙 : 동사)

nǐ máng shénme?

너 뭐하는데 바쁘니?

B : 快开学了. 我想去文具店买文具.

kuài kāixué le. wǒ xiǎng qù wénjùdiàn mǎi wénjù.

곧 개학이라 나는 문구점에 가서 문구를 사고 싶어.

……

B : 老板, 來一打本子, 一只圆珠笔和铅笔, 一个擦皮,

lǎobǎn, lái yì dǎ běnzi, yì zhī yuánzhūbǐ hé qiānbǐ, yí ge cāpí,

十张信纸和信封.

shí zhāng xìnzhǐ hé xìnfēng.

주인장님, 노트 한 다스, 볼펜 한 자루와 연필, 지우개 하나,편지지 10장과 편지봉투를 주세요.

내 실력체크

听(tīng) 녹음9

1) 낚시하다	등산하다		2) 태산	큰 산
3) 주말	기말		4) 산보하다	청소하다
5) TV	방		6) 옷	여가

说和写(shuō hé xiě)

1) Ⓐ : 你周末做什么?

Ⓑ : ____________________

2) Ⓐ : 你的嗜好是什么?

Ⓑ : ____________________

收音机 shōuyīnjī 라디오

画 huà 그림, 그리다

간자체 쓰기

嗜	shì	丨 冂 口 口一 口十 口土 口耂 口老 口耆 嗜 嗜 嗜 嗜
感	gǎn	一 厂 厂 厂 后 后 后 咸 咸 咸 感 感 感
兴	xìng	丶 丷 ⺍ 兴 兴 兴
趣	qù	一 十 土 丰 丰 走 走 赶 赶 赶 趄 趄 趣 趣
钓	diào	ノ 𠂉 𠂉 乍 钅 钅 钓 钓
鱼	yú	ノ 勹 勹 鱼 鱼 鱼 鱼 鱼
时	shí	丨 冂 日 日 日一 时 时
打	dǎ	一 十 扌 扌 打

乒 pīng	一 厂 F 斤 丘 乒
乓 pāng	一 厂 F 斤 丘 乓
球 qiú	一 二 干 王 王 玎 玎 玗 玗 球 球
平 píng	一 一 丷 立 平
常 cháng	丨 丷 丷 丷 丷 丷 丷 丷 丷 丷 常
喜 xǐ	一 十 士 吉 吉 吉 吉 吉 吉 吉 喜 喜
欢 huān	7 又 对 对 欢 欢
爱 ài	一 一 一 一 爫 爫 爫 爫 爱 爱
炼 liàn	丶 丷 火 火 火 炉 炼 炼 炼

气 qì	丿 𠂉 𠂈 气
功 gōng	一 丅 工 玎 功
或 huò	一 𠀁 𠃊 𠃊 戸 式 或
者 zhě	一 十 土 耂 耂 者 者 者
登 dēng	𠃌 ㇇ 癶 癶 癶 癶 癶 登 登 登 登 登
山 shān	丨 山 山
泰 tài	一 二 三 声 夫 泰 泰 泰 泰 泰
还 hái	一 丆 不 不 不 还 还
找 zhǎo	一 亅 扌 扌 找 找 找

起 qǐ	一 十 土 丰 丰 走 走 起 起 起
周 zhōu	丿 冂 冂 円 円 周 周 周
末 mò	一 二 丰 末 末
些 xiē	丨 卜 ⺊ 止 此 此 此 些
散 sàn	一 十 艹 艹 昔 昔 昔 昔 背 背 散 散
步 bù	丨 卜 卜 止 牛 步 步 步
看 kàn	一 二 三 手 手 看 看 看 看
电 diàn	丨 冂 日 日 电
视 shì	丶 ㇇ 礻 礻 礻 初 初 视

扫	sǎo
房	fáng
间	jiān
洗	xǐ
衣	yī
服	fú
工	gōng
辛	xīn
苦	kǔ

문화 이야기

중국 오악(五岳)의 으뜸인 태산(泰山)

'오악'은 자고로 중국에서 인정하는 5개의 유명한 산으로, 중국의 동서남북과 중부 등에서 으뜸가는 산을 손꼽은 것이다. 따라서 동악 · 서악 · 남악 · 북악 · 중악 등으로 칭하는데, 동악은 산동성(山東省)에 위치하고 있는 태산(泰山), 서악은 섬서성(陝西省)의 화산(華山), 남악은 호남성(湖南省)의 형산(衡山), 북악은 산서성(山西省)의 항산(恒山), 중악은 하남성(河南省)의 숭산(嵩山)이다.

태산은 산동성의 성회인 제남(濟南)시에서 버스로 40분 정도의 거리인 태안(泰安)에 있으며, 고대에는 대산(岱山) 또는 대종(岱宗)이라 부르다가 춘추시대(2500년 전)부터 '태산'으로 정착되었고, 중국의 최고의 명산이며, 태산에 바위에 새겨진 "五嶽獨尊"을 통해 오악 중의 으뜸임을 알 수 있다. 진시황을 비롯하여 중국 역대 72명의 황제들이 태산에 올라와 봉선(封禪), 즉 하늘에 제사를 지냈으므로 더욱 유명한 산이 되었다. 공자 · 맹자 · 사마천 · 이태백 · 두보 등은 모두 태산의 영향을 받아 위인이 되었다고 전한다. 그러므로 황제가 되고자 하는 사람은 반드시 태산에 올라야 하며 이러한 이유로 태산의 바위에는 '명언(名言)'들이 많이 새겨져 있는 것이 또 태산의 명성을 높이고 볼거리들을 풍성하게 하는 부분이기도 하다. 그러므로 "태산에 한 번 오르면 10년을 장수한다."는 말도 있다. 우리나라에서도 입에 오르내릴 정도로 유명하다. 즉 "갈수록 태산이다." 이 말을 통해 또 태산은 높지는 않지만 산 면적이 아주 방대함을 알 수 있다.

태산 십팔반(十八盤)

오악지존(五嶽之尊) 태산

第四课 麻烦你了.

dì sì kè máfan nǐ le?

제 4 과 당신을 번거롭게 했습니다.

아픔과 병원접수

새단어 生词 [shēngcí] 녹음10

麻烦	máfán	형 동	번거롭다, 귀찮다, 번거롭게 하다, 귀찮게 하다
爱人	àirén	명	애인, 중국대륙에서는 부부간의 호칭으로 사용함
更	gèng	부	더욱
严重	yánzhòng	형	심하다, 严重+了 심해지다(동사적 표현)
医生	yīshēng	명	의사 = 医师 yīshī
陪	péi	동	동반하다.
医院	yīyuàn	명	병원, 의원(病院 bìngyuàn)
请问	qǐngwèn		묻겠습니다. 실례합니다
挂号	guàhào	동 명	접수(하다), 등기(하다)
挂号处	guàhàochù	명	접수처
那边	nàbiān		저쪽, 그쪽(=那儿)
舒服	shūfu	형	평안하다 (不舒服 몸이 불편하다, 아프다)
感冒	gǎnmào	동 명	감기 들다 = 着凉 zhaóliáng
头	tóu	명	머리
痛	tòng	형	아프다 (=疼 téng), 痛苦(고통) : 고통스럽다, 頭痛(두통) : 머리가 아프다
怎么	zěnme	의대	왜, 어째서, 무엇 때문에, 어떻게
起床	qǐchuáng	동	일어나다, 기상(하다)
身体	shēntǐ	명	몸, 신체
消化	xiāohuà	명 동	소화(되다)
不良	bùliáng	명 형	불량(하다)

• 要	yào	동 능동	원하다, …하려고 하다, …해야 하다
• 药	yào	명	약
• 躺	tǎng	동	눕다
• 一下儿	yíxiàr		한 번, '동사+一下儿'; 좀 …하다
• 会	huì	능동	…할 것이다(예측), (…를) 할 줄 알다
• 白	bái	형	하얗다, 하얀, 흰
• 开水	kāishuǐ(r)	명	끓인 물
• 快	kuài	형 부	빠르다, 빨리
• 休息	xiūxí	동 명	휴식(하다), 쉬다

제4과 회화(会话[huìhuà]) 녹음11

1

A：你爱人好多了吗？
nǐ àirén hǎo duō le ma?

B：不，更严重了些．要去看医生．
bù, gèng yánzhòng le xiē. yào qù kàn yīshēng.

我要陪她去．
wǒ yào péi tā qù.

(在医院问行人)
(zài yīyuàn wèn xīngrén)

B：请问，在哪儿挂号？
qǐngwèn, zài nǎr guàhào?

C：挂号处在那边．
guàhàochù zài nàbiān

B：谢谢．
xièxie

(给医师看病)
(geǐ yīshī kàn bìng)

D：妳哪儿不舒服？
nǐ nǎr bù shūfu?

E：我感冒了．我头痛．
wǒ gǎnmào le. wǒ tóu tòng.

2

A：你怎么了？还不起床.
nǐ zěnme le? hái bù qǐchuáng.

B：我身体不舒服. 消化不良.
wǒ shēntǐ bù shūfu. xiāohuà bùliáng.

A：要不要去医院？
yàobuyào qù yīyuàn?

B：不要. 吃了药，躺一下儿，就会好的.
búyào. chī le yào tǎng yíxiàr jiù huì hǎo de.

A：这是白开水，快吃药吧.
zhè shì báikāishuǐ(r), kuài chī yào ba.

B：麻烦你了.
máfan nǐ le.

A：麻烦什么. 那好好休息吧.
máfan shénme, nà hǎohao xiūxi ba.

어법과 표현

1 결과보어 '多'

'多'는 형용사로 '많다', 부사로 '많이' 등의 뜻을 가진다. '多' 뒤에 '了'를 붙여 '多+了'형을 이루며 동사화되어 '많아지다, 많아졌다'의 표현이 된다.

"好多了"는 "많이 좋아지다" 또는 "많이 좋아졌다"의 표현으로, 여기에서 '多'는 결과보어로 '好'를 수식해주며, '많이'라는 뜻이 된다. '好'는 뒤에 '了'자가 와서 '好+了'형을 이루며, 동사화되어 '좋다(강조), 좋아지다, 좋아졌다'의 표현이 된다.

2 '要'의 동사와 능동사적 용법

'要'와 '想'은 능동사와 본동사로 모두 사용할 수 있다.

① '要'의 동사적 용법

원하다, …를 주세요.

주 어 + 능동사 + 동 사 + 목적어

你 要 吗?
nǐ yào ma?
당신 원합니까? (드릴까요?)

你 要 什么?
nǐ yào shénmme?
당신 무엇을 원합니까? (드릴까요?)

我 要 (咖啡).
wǒ yào (kāfēi).
저는 (커피를) 원합니다. [(커피를) 주세요.]

我 不要 (咖啡).
wǒ bú yào (kāfēi).
나는 (커피를) 원하지 않는다.

② '要'의 능동사적 용법

要(능동사) + 동사

① …하려고 하다 = 想(xiǎng 능동사) + 동사
② …해야 하다 = 应当 yīngdāng 응당 = (应)该(yīng)gāi = 得 děi

주어 + 능동사 + 동사 + 목적어

他 要(=想) 喝 果汁.
tā yào(xiǎng) hē guǒzhī
그는 주스를 마시려고 한다.(고 싶어 한다).

果汁 guǒzhī 주스, 과즙

学生 要(=该) 努力用功.
xuéshēng yào(gāi) nǔlì yònggōng
학생은 열심히 공부해야 한다.

努力 nǔlì 노력(하다), 열심히
用功 yònggōng 열심히 공부하다

'要'가 능동사로 쓰일 경우, 부정형은 인칭대명사에 따라 다르지만, 대체로 '不想(bùxiǎng)'을 쓴다. 왜냐하면, '不要'는 또 '…하지 마라'의 뜻으로 '别(bié)'와 같이 사용되기 때문이다.

你 不要 去. (너 가지 마라.) = 你 别 去
nǐ bú yào qù nǐ bié qù

别 bié …하지 마라

3 '为什么'와 '怎么'

'为什么'와 '怎么'는 모두 '왜', '무엇 때문에'의 뜻이며, '이유'를 묻는 표현이다. 단 '怎么'는 또 '상황'과 '방법(부사로 '어떻게')'를 묻는 표현을 나타내기도 한다.

你怎么还没去? = 为什么 - 이유
nǐ zěnme hái méi qù
(너는 왜 아직 안 갔니?)

你为什么不在国内升学? = 怎么 - 이유
nǐ wèishénme búzài guónèi shēngxué
(너는 왜 국내에서 진학하지 않니?)

国内 guónèi 국내
升学 shēngxué 진학(하다)

怎么了? 病了吗? ≠ 为什么 - 상황
zěnme le? bìng le ma
(왜 그래요? 아프나요?)

病 bìng 병, 병이 나다

我们怎么去? ≠ 为什么 - 방법
wǒmen zěnme qù
우리들 어떻게 갈거니?

'怎么'는 또 '아무리…해도'의 뜻으로 사용되는데, 이 경우 뒤에는 '也'자를 붙인다. '不' 뒤에 쓰여 '별로(그다지) (…하지 않다)'의 표현으로도 사용되는데, 상화에 따라 과거부정인 '没'을 쓰기도 한다.

他底子不好，怎么用功也不行.
tā dǐzi bù hǎo, zěnme yònggōng yě bù xīng
그는 기초가 좋지 않아, 아무리 열심히 공부해도 안된다.

他的成绩不怎么(好).

tā de chéngjì bù zěnme(hǎo)

그의 성적은 별로다.

4 동사 + 了…, 就…

'了'자는 과거시제를 나타낸다. 문미에 쓰이면 단순과거의 서술형이 되고, 동사 뒤에 쓰이면 과거형의 강조 또는 동작의 긴박감을 나타낸다. 두 동작이 긴박하게 일어날 경우, '…하고 나서 곧장 …하다'라는 표현은 중국어에서는 앞 문장은 과거형이어야 하며, '了'자는 반드시 동사 뒤에 위치해야 한다.

下了课，就回家.

xià le kè,　jiù huíjiā

수업을 마친 후, 곧장 집으로 돌아간다.

> 回家 huíjiā 집으로 돌아가다

下课了，就回家.　(×)

5 '会'의 능동사적 용법

'会'는 능동사로 '[(배워서)…를] 할 줄 안다'와 '…할 것이다' 예측을 나타내며, 부정형은 모두 '不会'로 쓴다.

① [(배워서) …를] 할 줄 알다

주 어 + 능동사 + 동 사 + 목적어

我	会	说	汉语.
wǒ	huì	shuō	hànyǔ

나는 중국어를 할 줄 안다.

我 不会 开 车.
wǒ bú huì kāi chē
나는 운전을 할 줄 모른다.

妈妈 会 唱 中国歌.
māma huì chàng zhōngguógē(r).
어머니는 중국노래를 부를 줄 안다.

② 아마도…할 것이다, …할 가능성이 있다 – 예 측

주 어 + 능동사 + 동 사 + 목적어

明天 会 下 雨.
míngtiān huì xià yǔ
내일은 아마도 비가 올 것이다.

明天 míngtiān 내일
后天 hòutiān 모레

后天 不会 下 雪.
hòutiān bú huì xià xuě
모레는 아마도 눈이 안 올 것이다.

下 xià 오다, 내리다
雨 yǔ 비
雪 xuě 눈

我想，他不会来.
wǒ xiǎng, tā bú huì lái
내 생각에는 그는 안 올 것이다.

사람 신체

① 头发	tóufà	머리카락(두발)		② 头	tóu	머리
③ 眉毛	méimáo	눈썹		④ 眼（睛）	yǎn(jīng)	눈
⑤ 鼻子	bízǐ	코		⑥ 嘴（巴）	zuǐ(bā)	입
⑦ 脸	liǎn	얼굴		⑧ 耳朵	ěrduǒ	귀
⑨ 脖子	bózǐ	목		⑩ 肩膀	jiānbǎng	어깨
⑪ 胳臂	gébèi	팔		⑫ 手	shǒu	손
⑬ 胸部	xiōngbù	흉부, 前胸：가슴		⑭ 肚子	dùzǐ	배
⑮ 腰	yāo	허리		⑯ 屁股	pígǔ	엉덩이
⑰ 腿	tuǐ	다리, 大腿：허벅지 小腿：종아리		⑱ 脚	jiǎo	발

내 실력체크

听(tīng) 녹음12

1) 번거롭다　평안하다　　2) 의사　의원
3) 감기 들다　두통　　4) 몸　소화
5) 애인　정인　　6) 약　하얗다

说和写(shuō hé xiě)

1) A：你哪儿不舒服？

B：______________

2) A：好了，打针吃药就可以.

B：______________

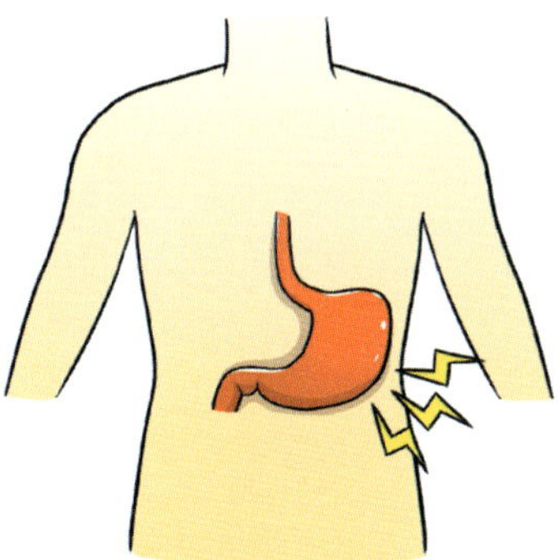

胃　wèi　위
神经(性)　shénjīng(xìng)
胃炎　wèiyán　위염

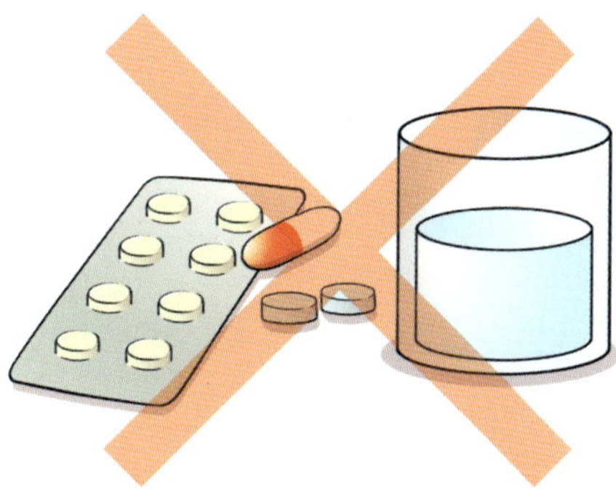

长期　chángqī　장기
服(用)　fú(yòng)　복용하다

간자체 쓰기

麻 má	丶 亠 广 广 庁 庁 床 床 庥 麻 麻
烦 fán	丶 丷 火 火 灯 灯 灯 炘 烦 烦
更 gèng	一 丆 丙 百 百 更 更
严 yán	一 丅 丌 亚 亚 亚 严
重 zhòng	一 二 千 千 亘 亘 重 重 重
医 yī	一 匚 匚 匚 匚 医 医 医
陪 péi	阝 阝 阝 阝 阶 阶 阶 陪 陪 陪 陪
院 yuàn	阝 阝 阝 阝 阝 院 院 院 院 院

한자	병음	필순
问	wèn	丶 丨 门 门 问 问
挂	guà	一 十 扌 扌 扌 挂 挂 挂 挂
处	chù	丿 夕 夂 处 处
边	biān	乛 力 力 边 边
舒	shū	丿 人 人 亼 亼 全 舍 舍 舍 舒 舒 舒
冒	mào	丨 冂 冃 冃 冃 冒 冒 冒 冒
头	tóu	丶 丶 头 头 头
痛	tòng	丶 丶 广 疒 疒 疒 疒 疒 痛 痛 痛 痛
疼	téng	丶 丶 广 疒 疒 疒 疒 疼 疼 疼

한자	병음	필순
床	chuáng	丶 亠 广 庀 庁 庄 床
身	shēn	丿 亻 冂 门 自 身 身
体	tǐ	丿 亻 仁 什 付 休 体
消	xiāo	丶 冫 氵 氵丨 氵⺌ 消 消 消
化	huà	丿 亻 亻丿 化
良	liáng	丶 ㇇ ⺕ 彐 艮 良 良
要	yào	一 丅 冂 冂 襾 覀 覀 要 要
药	yào	一 十 卄 艹 艹 艹 艺 药 药
躺	tǎng	丿 亻 冂 门 自 身 身 身丨 身丨 身⺌ 身⺌ 躺 躺 躺 躺

白 bái	丨 丨' 冂 白 白
开 kāi	一 二 チ 开
水 shuǐ	亅 刁 水' 水
休 xiū	ノ 亻 亻 什 休 休
息 xī	' 丨' 冂 白 自 自 自 息 息 息

문화 이야기

복건성(福建省)의 무이산(武夷山)

무이산에는 암석과 동굴이 많고, 9개의 협곡의 경관이 뛰어나 '무이구곡(武夷九谷)'이라 한다. 무이산은 태산의 웅장함과 화산의 험준함, 황산의 기이함, 계림의 수려함을 두루두루 갖추고 있다. 여기의 차(茶)가 유명하며, '무이암차'는 황제에게 진상되었을 정도로 그 품질이 뛰어나다. 암석에는 또 "세계문화와 자연유산 무이산(世界文化与自然遺産武夷山)" 글과 이 아래 "강택민(江泽民) 二00八年 五月 一日" 등 글이 새겨져 있어 2008년 5월 1일 중국의 전 주석인 강택민이 무이산을 방문했음을 알 수 있다.

第五课　去网吧.

dì wǔ kè　qù wǎngbā

제 5 과　PC방에 간다.

편지쓰기와 컴퓨터

새단어 生词 [shēngcí] 녹음13

• 在	zài	동 전 부	…에 있다, …에서, …하고 있는 중이다
• 给	gěi	동 전	주다, …에게
• 家人	jiārén	명	가족
• 写	xiě	동	쓰다
• 信	xìn	명 동	편지, 믿다
• 因为…	yīnwèi	접두	… 때문에
• 电脑	diànnǎo	명	컴퓨터 = 计算机 jìsuànjī
• 所以…	suǒyǐ	접두	그래서…, 그러므로…
• 只好…	zhǐhǎo		단지…할 수밖에 없다
• 手写	shǒu xiě		손으로 쓰다
• 干	gàn	동	(…를) 하다
• 发	fā	동	(메일, 문자 따위를) 보내다
• 短信	duǎnxìn(r)	명	문자(폰), 짧은 편지, 短: 짧다.
• 同屋	tóngwū	명	room mate
• 同班	tóngbān	명	같은 반
• 网吧	wǎngbā	명	PC방
• 电子邮件	diànzǐ yóujiàn	명	전차우편, 메일
• 邮局	yóujú	명	우체국
• 寄	jì	동	부치다
• 顺便	shùnbiàn	부	…하는 김에
• 帮	bāng	동	돕다

• 张	zhāng	양 명	장(종이, 탁자의 양사), 성씨
• 邮票	yóupiào	명	우표
• 钱	qián	명	돈
• 用	yòng	동	사용하다[使用 shǐyòng 사용(하다)]
• 平信	píngxìn	명	보통우편 또는 편지
• 邮费	yóufèi	명	우편요금
• 多少	duōshǎo	의대	얼마, 얼마입니까? 다소. 多 : 많다, 少 : 적다
• 毛	máo	명	마오(중국화폐 단위 : 10분의 1원)
• 封	fēng	양	(편지 따위의 양사) 통
• 到	dào	동 전	도착하다, 되다, 가다(오다), …에, …까지, '동사+到' : 동작이 목적에 성취됨을 나타냄
• 国外	guówài	명	국외
• 一共	yígòng	부	합계
• 块	kuài	명	원(중국화폐 단위)

제5과 회화(会话[huìhuà]) 녹음14

1

A：你在忙什么？
nǐ zài máng shénme

B：我给家人写信.
wǒ gěi jiārén xiě xìn(r)

因为家里没有电脑，所以，只好手写. 你在干什么？
yīnwèi jiā lǐ méi yǒu diànnǎo, suǒyǐ, zhǐhǎo shǒu xiě. nǐ zài gàn shénme?

A：我在发短信.
wǒ zài fā duǎnxìn(r).

B：给谁发呢？
gěi shéi fā ne?

A：给同屋和同班同学.
gěi tóngwū hé tóngbān tóngxué.

2

A：我去网吧发电子邮件，你去不去？
wǒ qù wǎngbā fā diànzǐ yóujiàn, nǐ qù bu qù?

B：不去，我要去邮局寄信.
bú qù, wǒ yào qù yóujú jì xìn.

A：那顺便帮我买几张邮票吧.
nà shùnbiàn bāng wǒ mǎi jǐ zhāng yóupiào ba.

B：好，钱，先用我的.
hǎo, qián, xiān yòng wǒde.

3

(在邮局)
(zài yóujú)

A：平信邮费一张多少钱？
píngxìn yóufèi yì zhāng duōshao qián?

B：一张九毛.
yì zhāng jiǔ máo.

A：给我十一张，这封寄到国外. 一共多少钱？
gěi wǒ shí yī zhāng, zhè fēng jì dào guówài. yígòng duōshao qián?

B：邮票十九块九毛，国外挂号信五十块一毛.
yóupiào shí jiǔ kuài jiǔ máo, guówài guàhàoxìn wǔshí kuài yī máo.

一共七十块钱.
yígòng qī shí kuài qián.

용법

1 '在'의 부사적 용법

중국어에서 장소 앞에는 반드시 '在'자를 붙이며, '在+장소'는 ① 동사로는 '…에 있다', ② 전치사로는 '…에서'라는 뜻을 가진다. 그밖에 ③ 동사 앞에 위치하여 부사로 사용될 경우, '…하고 있는 중이다'는 뜻으로 '진행'을 나타낸다.

주 어 + 부 사 + 동 사 + 목적어

我 在 上 课.
wǒ zài shàng kè
나는 수업을 하고 있는 중이다.

在 = 正(zhèng)在 = 正
…하고 있는 중이다

我 在 开 会.
wǒ zài kāi huì
나는 회의를 하고 있는 중이다.

开 kāi 개최하다, 열다
会 huì 회의

2 '(是)…的'의 명사생략 용법

"是…的"문은 ① 앞에서 이미 언급한 바와 같이 강조의 표현, ② '的' 뒤 명사의 생략으로 명사화되어 '것' 또는 '생략된 명사'의 의미를 넣으면 된다. 그리고 '的' 뒤 명사의 생략으로 사용된 경우, 앞의 '是'는 '是' 자문이 아닐 경우, 생략된다.

这是谁的汽车? 那是我爱人的.
zhè shì shéi de qìchē? nà shì wǒ àirén de.
(이것은 누구의 자동차입니까? 그 것은 내 부인 것입니다.)
* '的' 뒤에 자동차가 생략됨.

我的 wǒ de 내 것	你的 nǐ de 너의 것	他的 tā de 그의 것	
教书的 jiāoshū de 선생(님)	送信的 sòngxìn de 우편 배달원	开车的 kāichē de 운전기사	种地的 zhòngdì de 농부
卖面的 màimiàn de 국수 파는 사람	卖花的 màihuā de 꽃 파는 사람	送报的 sòngbào de 신문 배달원	做买卖的 zuò mǎimài de 장사꾼

3 '동사 + 到'

'到'자는 ① 동사로는 '도착하다' · '가다' · '오다' · '되다', ② 전치사로는 '…까지'의 뜻을 지니며, ③ 동사 뒤에 와서 '동사+到'를 이룰 경우, 완료를 나타낸다.

我看他.
wǒ kàn tā
나는 그를 본다.

我看到他.
wǒ kàn dào tā
나는 그를 봤다.

送到家(门).
sòng dào jiāmén
집까지 배송한다.

중국 화폐단위

중국의 화폐단위는 '元[yuán 웬(圆 yuán)] · 角(jiǎo 지아오) · 分(fēn 펀)'과 '块(kuài 콰이) · 毛(máo 마오) · 分(fēn 펀)' 등이 있다. '元(圆) · 角 · 分'은 서면어에 많이 사용하며, '块 · 毛 · 分'은 구어체에 많이 사용한다.

元（圆）= 块 yuán(yuán) = kuài 원	角 = 毛 jiǎo = máo 10분의 1원(십전)	分 fēn 100분의 1원(1전, 1푼)

번역요령

"我去网吧发电子邮件"는 "나는 PC방에 가서 e-mail를 보낸다."는 뜻인데, 뒤에 "你去不去?"란 문장이 오므로, "나는 PC방에 가서 e-mail를 보내는데, 너는 갈거니 안 갈거니?"로 번역해야 하며, "你去不去?"는 원래 "너 가니 안 가니"의 뜻이지만 여기에서는 의지를 나타내는 표현으로 번역을 해야 한다.

因为…, 所以… (…하기 때문에, 그래서 …)

因为下雨，所以，不能开运动大会.
yīnwèi xià yǔ, suǒyǐ, bù néng kāi yùndòng dàhuì
비가 오기 때문에 그래서 운동대회를 열지 못한다.

因为天气很好，所以，大家都想出去玩.
yīnwèi tiānqì hěn hǎo, suǒyǐ, dàjiā dōu xiǎng chūqù wán(r)
날씨가 매우 좋기 때문에, 그래서 사람들은 모두 나가서 놀고 싶어 한다.

어휘의 사용

1 '一块'의 여러 표현과 '一块儿'

① 돈의 단위 : '块'
一块 1원

② 돌, 땅, 떡, 사탕 등의 양사 : 조각, 덩어리
一块

③ 一块儿 : 부사 : 함께

2 给

① 동사 : 주다
② 전치사 : '给 + 사람' …에게

주 어 + 동 사 + 목적어

我 给 你. - 동사
wǒ gěi nǐ
나는 너에게 준다.

주 어 + 동 사 + 목적어

我给朋友 看 照片. - 전치사
wǒ gěi péngyǒu kàn zhàopiàn
나는 친구에게 사진을 보여준다.

3 到

① 동사 : 도착하다(=到达 dàodá), 가다(到 …去), 오다(到 …來)

② 전치사 : …까지(从 …到 …)

③ 동사+到

메모

내 실력체크

听(tīng) 녹음15

1) 우체국	PC방	2) 컴퓨터	가족
3) ROOM MATE	같은 반	4) 우표	우표요금
5) 문자	편지 쓰다	6) 국외	9원

说和写(shuō hé xiě)

1) A : 你在干什么?

B : ____________________

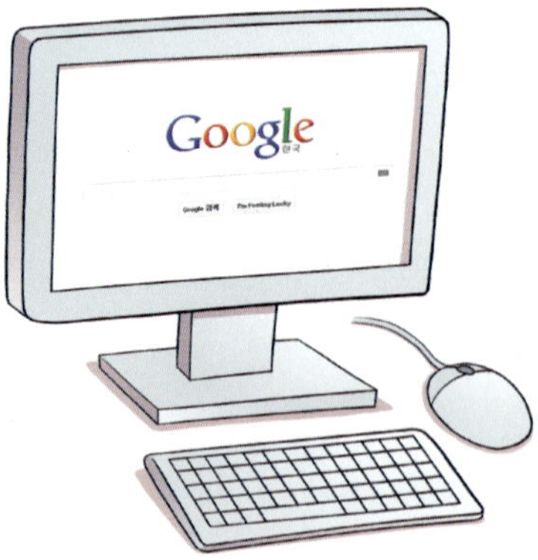

2) A : 邮差送信来了没有?

B : ____________________

送 sòng 보내다, 선사하다, 배웅하다
包裹 bāoguǒ 소포

간자체 쓰기

给	gěi	ㄥ 纟 纟 纟 纵 纶 纶 给 给
写	xiě	丶 冖 写 写 写
信	xìn	丿 亻 亻 仁 仁 仨 信 信 信
因	yīn	丨 冂 冃 冃 因 因
电	diàn	丨 冂 冃 日 电
脑	nǎo	丿 刀 月 月 月 肚 肪 脑 脑 脑
所	suǒ	一 厂 户 户 户 所 所 所
只	zhǐ	丨 冂 口 只 只

한자	필순
手 shǒu	一 二 三 手
干 gàn	一 二 干
发 fā	一 ナ 方 友 发 发
短 duǎn	丿 𠂉 ⺧ 午 矢 矢 矢 矩 矩 矩 短 短
屋 wū	㇕ ⺕ 尸 尸 层 层 层 屖 屋
网 wǎng	丨 冂 冂 冈 网 网
邮 yóu	丨 冂 日 由 由 由⻏ 邮
件 jiàn	丿 亻 亻 仁 仁 件
局 jú	㇕ ⺕ 尸 月 局 局 局

寄 jì	丶 丷 宀 宁 宊 宎 宎 宑 寄 寄 寄
顺 shùn	丿 川 川 川 川 顺 顺 顺 顺
便 biàn	丿 亻 仁 仁 佰 佰 佰 便 便
帮 bāng	一 二 三 丰 邦 邦 邦 帮 帮
张 zhāng	一 弓 弓 引 引 张 张 张
票 piào	一 一 币 而 西 西 要 票 票 票 票
钱 qián	丿 ⺈ ⺈ 乍 钅 钅 钅 钱 钱 钱
用 yòn	丿 冂 月 月 用
平 píng	一 丷 丷 丷 平

한자	병음	필순
费	fèi	一 ⺕ ⺕ 弓 弗 弗 弗 费 费
少	shǎo	丨 小 小 少
毛	máo	丿 二 三 毛
封	fēng	一 十 土 圭 圭 圭 圭 封 封
到	dào	一 亠 云 至 至 至 到 到
外	wài	丿 夕 夕 外 外
共	gòng	一 十 廾 廾 共 共
块	kuài	一 十 土 圵 圵 坱 块

문화 이야기

황산(黃山)

황산(黃山)은 중국 오악에 들지는 않지만, 황산의 절경에 대해 찬탄과 찬미를 아끼지 않을 뿐 아니라, 옛부터 "천하제일의 기이하고 빼어난 산이다(天下第一奇山)"란 말이 있는데, 즉 황산의 기이함은 태산의 웅장함을, 화산의 험준함을, 여산(廬山 : 강서성에 위치, 많은 문인들이 찾았던 산)의 폭포를, 형산의 구름바다를, 아미산(峨眉山 : 사천성에 위치, 중국 3대 영산이자 도교 · 불교의 성지이자, 4대 불교 명산(오대산, 구화산, 보타산, 어메이산)의 하나, 중국 피서지의 하나)의 시원함 등을 겸비하고 있다고 한다. 황산의 절경은 이태백 등 시인에 의해 칭송되었고, 명나라 지리학자이자 여행가인 서하객(徐霞客)은 "태산(泰山), 화산(華山), 형산(衡山), 항산(恒山), 숭상(嵩山)의 오악을 보고 온 사람은 평범한 산은 눈에 들지 않는다. 그러나 황산을 보고 돌아온 사람은 그 오악도 눈에 차지 않는다(五岳歸來不看山, 黃山歸來不看岳)"고 했다.

안후에이성(安徽省) 남부에 위치하며, 중국 전설 속의 제왕인 황제(黃帝)가 이 곳에서 수련했다는 이야기에서 황제 '黃'자를 따서 명명되어졌다고 한다. 보통 상해 · 소주 · 항주 코스여행 또는 상해 · 황산 코스여행 산품을 많이 내놓고 있듯이 우리나라에서는 황산이 더욱 많이 알려져 있는 것이 사실이다.

산벼랑을 가로질러낸 서해대협곡 탐승로(12년 설계, 9년 시공)
사진 "오상수 ksbpoh@hanmail.net"에서 인용

第六课 去银行换钱.

dì liù kè qù yínháng huànqián

제 6 과 은행에 가서 환전한다.

환전과 계좌개설

새단어 生词 [shēngcí] 녹음16

换钱	huàn qián	명 동	환전(하다), 돈을 바꾸다
换	huàn	동	바꾸다
美元	měiyuán	명	달러(= 美金, měijīn)
人民币	rénmínbì	명	인민폐(중국화폐 단위)
比	bǐ	전	대('몇 대 몇'의 대), …에 비해, …보다
开	kāi	동	개설하다
账户	zhànghù	명	계좌
活期	huóqī	명	보통(살아 있는 기간) 活 : 살다, 일
还是	háishì	의대	…이냐 아니면…이냐?
定期	dìngqī	명	정기
里头	lǐtóu	명	안쪽, 안
银行	yínháng	명	은행
干	gàn	동	(…를) 하다
把	bǎ		…를(주어+把+목적어+동사)
存	cún	동	저축하다, 맡기다. 存钱 돈을 맡기다
需要	xūyào	동	필요하다
护照	hùzhào	명	여권
呀	yā	어조	아
取钱	qǔqián	동	돈을 인출하다
知道	zhīdào	동	알다
汇率	huìlǜ	명	환율

• 清楚	qīngchu	형 동	뚜렷하다, 알다
• 上网	shàng wǎng		인터넷에 접속하다. 因特网 yīntèwǎng 인터넷
• 查	chá	동	조사하다, 검색하다
• 点	diǎn	명 동	점(을 찍다), 시(시간 단위)

제6과 회화(会话[huìhuà]) 녹음17

1

A：小姐，我想换钱．
xiǎojiě, wǒ xiǎng huànqián.

B：换什么钱？
huàn shénme qián?

A：美元换人民币．
měiyuán huàn rénmínbì.

B：换多少钱？
huàn duōshao qián?

A：二百五十美元．给妳钱．我还要开账户．
èr bǎi wǔ shi měiyuán. gěi nǐ qián. wǒ hái yào kāi zhànghù.

B：给你两千人民币．活期还是定期(存款)？
gěi nǐ liǎng qiān rénmínbì. huóqī háishì dìngqī (cúnkuǎn)?

A：活期的．
huóqīde.

2

A：这里头有银行吗？
zhè lǐtou yǒu yínháng ma?

B：有，五楼有中国银行．你想干什么？
yǒu, wǔ lóu yǒu zhōngguó yínháng. nǐ xiǎng gàn shénme?

A：想开个账户．把钱存在里头．
xiǎng kāi ge zhànghù. bǎ qián cún zài lǐtou.

B：开账户，需要护照．对呀！我要取钱．
kāi zhànghù, xūyào hùzhào. duì yā! wǒ yào qǔ qián.

A：你知道今天汇率是多少吗？
nǐ zhīdào jīntiān huìlǜ shì duōshao ma?

B：不请楚．我上网查查．美金换人民币，是1比7.5.
bù qǐngchǔ. wǒ shàngwǎng cháchа. měijīn huàn rénmínbì, shì yī bǐ qī diǎn wǔ.

용법과 표현

1 '把' 자문

① 중국어는 우리말과 달리 동사가 목적어 앞에 온다. 그러나 우리말처럼 동사가 목적어 뒤에 올 수도 있는데, 이 경우 목적어 앞에는 전치사 '把'자를 쓴다.

주 어	+	부 사	+	능동사	+	동 사	+	목적어
老妈 lǎomā		昨天 zuótiān				洗好了 xǐ hǎo le		衣服 yīfu

엄마는 어제 빨래를 다 했다.

> 老妈 lǎomā 엄마, 어머니
> 昨天 zuótiān 어제
> 洗 xǐ 씻다, 빨래하다

주 어	+	부 사	+	능동사	+	把	+	목적어	+	동 사
老妈		昨天				把		衣服		洗好了

② 문장과 동사 성격에 따라 반드시 '把'자문으로 써야하는 문장도 있고, 또 '把'자문으로 바꿔 쓸 수 없는 문장도 있는데, 목적어가 2개의 사물로 이루어지는 표현에서는 반드시 '把' 자문을 써야 한다.

会计师把钱存在国民银行.
huìjìshī bǎ qián cún zài guómín yínháng
회계사는 돈을 국민은행에 저축한다.

> 会计师 huìjìshī 회계사
> 国民 guómín 국민

2 '还是'의 의문문적 용법

'还是'는 긍정문과 의문문에 모두 사용 가능하며, 여기에서는 둘 중 택일을 묻는 의문문의 표현으로 '아니면(…이냐)?'의 뜻을 가진다.

A 还是 B?
A háishì B?
A냐 아님 B냐?

茶还是咖啡?
chá háishì kāfēi?
차냐 아니면 커피냐?

妈妈好还是爸爸好?
māma hǎo háishì bàba hǎo?
엄마가 좋니 아니면 아빠가 좋니?

3 "给你钱"은 이중목적어문으로 직역하면 "당신에게 돈을 드립니다."인데, "돈 여기 있습니다."의 표현으로 사용된다.

주 어 + 능동사 + 사 람 + 사 물

	给	你	钱
	gěi	nǐ	qián

문장분석

你知道今天汇率是多少吗？

- 你: 주어①
- 知道: 동사③
- 今天汇率是多少: 목적어②

메모

어휘의 사용

1 '活'자의 사용

① 살다.

我活了.

wǒ huó le.

나 살았다.

他还活着

tā hái huó zhe

그는 아직 살아 있다.

② 일

快干活(=做事=工作)

kuài gàn huó(=zuò shì(r)= gōngzuò)

빨리 일해.

2 '知道', '认识', '清楚'의 사용

'知道'는 '알다'의 뜻으로 대상이 사람이든 사물이든 또는 자동사든 타동사든 모두 사용가능하지만, '认识'은 '인식(하다)'와 '알다'의 뜻으로, 주로 사람을 알다에 사용되며, 또한 '清楚'는 원래 형용사로 '뚜렷하다'의 뜻이지만, 동사로 또 '알다'의 표현으로 쓸 수 있다. 단 타동사로는 사용할 수 없고, 사람 이외에 대상에만 사용가능하다.

주어 + 동사 + 목적어

你 知道(=认识≠清楚) 他 吗？
nǐ zhīdào(=rènzhì≠qīngch) tā ma?
너는 그를 아니?

我 知道(=认识≠清楚) 路.
wǒ zhīdào(=rènzhì≠qīngchǔ) lù
나는 길을 안다.

这儿我不清楚(=知道)
zher wǒ bù qīngchǔ
이곳은 나는 모른다.

我对那件事很清楚
wǒ duì nà jiàn shì hěn qīngchu.
나는 그 일에 대하여 잘 안다.

我对那个人不很清楚.
wǒ duìnà ge rén bù hěn qīngchǔ.
나는 그 사람에 대해 잘 알지 못한다.

我听不清楚，请大点儿声说，好吗？ 뚜렷하다
wǒ tīng bù qīngchǔ, qǐng dà diǎnr shēng shuō, hǎo ma?
저는 잘 들리지 않으니 좀 큰 소리로 말해 주는 것이 어떠합니까?

3 '点'의 여러 표현

① 명사 : 점, 시(시간 단위)

鼻子上有两个点.
bízi shàng yǒu liǎng ge diǎn
코에 점이 두 개 있다.

现在一点十五分.
xiànzài yī diǎn shí wǔ fēn
지금 1시 15분이다.

② 동사 : 점을 찍다, 출석을 부르다, 주문하다.

点名.
diǎn míng　　출석을 부르다

点菜.
diǎn cài　　주문하다

分 : 분(시간단위), 점(점수: 分数 fēnshù)

休息十分.
xiūxi shí fēn　　10분 쉰다.

100分.
yì bǎi fēn　　100점.

4 '开'의 여러 표현

开门 문을 열다 ≠ 关 guān 닫다
开灯 불을 켜다 ≠ 关
开花 꽃이 피다
开车 운전하다
开账户 계좌를 개설하다
开学 개학(하다)
开会 회의를 개최하다(열다)
开班(课) (반(수업)을 개설하다)
开伙 공공식당에서의 배식
开始 개시, 시작하다
开关 스위치
동사 + 开 …할 수 있다(坐不开 앉을 수 없다)

내 실력체크

听(tīng) 녹음18

1) 환전	돈 인출	2) 은행	정기
3) 아름답다	달러	4) 계좌	여권
5) 필요	알다	6) 인터넷 접속	학교가다

说和写(shuō hé xiě)

1) Ⓐ :你上网干什么？

Ⓑ : ____________________

2) Ⓐ : 电脑非常方便.

Ⓑ : ____________________

在…上 zài…shàng …에서
因特网 yīntèwǎng 인터넷
购物 gòuwù 물건을 구매하다
资料 zīliào 자료

非常 fāicháng 매우, 아주, 비상
方便 fāngbiàn 편리(하다)
苹果 píngguǒ 사과

习近平奥巴马庄园漫步
xí jìn píng ào bā mǎ zhuāngyuán mànbù
시진핑과 오바마 정원 산책

智能手机 zhìnéng shǒujī
지능폰(스마트, 아이폰 등)
更 gèng 더욱

간자체 쓰기

换	huàn	一 扌 扌 扩 扩 扩 抡 抡 换 换
美	měi	丶 丷 丷 兰 兰 羊 兰 美 美
金	jīn	丿 人 亼 今 今 今 金 金
民	mín	乛 コ 巳 巳 民
币	bì	一 丆 币 币
账	zhàng	丨 冂 贝 贝 贝 贝 账 账 账
户	hù	丶 户 户 户
活	huó	丶 氵 氵 汇 汇 汗 汗 活 活

期	qī	一 十 廾 廾 甘 甘 其 其 其 期 期 期
定	dìng	丶 丷 宀 宀 宁 宇 宇 定
里	lǐ	丨 冂 日 日 甲 甲 里
银	yín	丿 𠂉 𠂉 钅 钅 钌 钌 钌 钽 银 银
行	háng	丿 彳 彳 彳 行 行
干	gàn	一 二 干
把	bǎ	一 扌 扌 扌 扣 扣 把
存	cún	一 ナ 才 存 存 存
需	xū	一 ⺈ 雨 雨 雨 雨 雨 雨 雨 雨 雨 需 需 需

护 hù	一 十 扌 扌 护 护 护
照 zhào	丨 冂 月 日 日 日 日 昭 昭 昭 照 照 照
呀 yā	丨 冂 口 口 口 呀 呀
取 qǔ	一 厂 F F 耳 耳 取 取
知 zhī	丿 乛 二 午 矢 矢 知 知
道 dào	丶 丷 丷 丷 产 首 首 首 首 首 道 道
汇 huì	丶 冫 氵 汇 汇
率 lǜ	丶 亠 亠 玄 玄 玄 玄 玄 玄 率 率
清 qīng	丶 冫 氵 氵 氵 汢 汢 浐 清 清 清

楚	一 十 才 木 木一 村 材 林 埜 埜 楚 楚 楚
chǔ	
查	一 十 才 木 杏 杏 杳 查 查
chá	

第七课 你去问问路吧.

dì qī kè　　nǐ qù wènwen lù ba.

제 7 과　　네가 길을 좀 물어보러 가라.

길을 묻다

새단어 生词 [shēngcí] 녹음19

• 问	wèn	동	묻다
• 路	lù	명	로, 길(=道路 dàolu =道 dào), 노선
• 小卖部	xiǎomàibù	명	매점
• 前面	qiánmiàn	방	전면, 앞(上面 위, 下面 아래)
• 栋	dòng	양	동(건물의 양사)
• 层	céng	양	층
• 旁边	pángbiān	명	옆
• 劳驾	láojià		수고하다, 수고하십니다.
• 搭	dā	동	타다(=坐 zuò, 乘 chéng)
• (公)共(汽)车	(gōng)gòng(qì)chē	명	버스(=巴士 bāshì, 大巴)
• 巴士站	bāshìzhàn	명	버스 정거장
• 哪里	nǎlǐ	의대	어디, 어디입니까?, 별말씀을요, 괜찮다
• 过	guò	동	건너다(過去 건너가다, 過來 건너오다)
• 这	zhè	지대	이
• 条	tiáo	양	(길, 강, 생선, 바지 등 긴 물체 따위의) 양사
• 马路	mǎlù	명	차도(=车道 chēdào)
• 看见	kànjiàn	동	보이다. 看 kàn : 보다, 见 jiàn (동) 만나다

• 不谢	búxiè		괜찮다, 별말씀을요('谢谢'에 대한 답으로만 사용)
• 一下	yííxia(r)		한 번, '동사+一下' : 좀 …하다
• 市政府	shìzhèngfǔ	명	시청, 시정부
• 错	cuò	형	틀리다
• 斑马线	bānmǎxiàn	명	횡단보도
• 倒车	dǎochē	동	유턴하다. 倒 :너머지다
• 人家	rénjiā	명	사람(들)
• 师傅	shifu	명	전문 직종에 종사하는 자에 대한 호칭(司机 siji 기사, 美容師 měiróngshī 미용사)
• 下一站	xià yí zhàn		다음 정거장(下 : 다음, 站: 정거장)
• 离…	lí	전	…로부터
• 这儿	zhèr	명	이곳(=这边)
• 远	yuǎn	형	멀다
• 近	jìn	형	가깝다
• 马上	mǎshàng	부	즉시

고유명사

• 王府井	wángfǔjǐng	지명	왕부정(북경시의 중심지)
• 天坛	tiāntán	지명	천단
• 珠市口	zhūshìkǒu	지명	주시구

제7과 회화(会话[huìhuà]) 녹음20

1

A：先生，请问，小卖部在哪儿？
xiānsheng, qingwèn, xiǎomàibù zài nǎr?

B：在前面那栋楼的一层.
zài qiánmian nà dòng lóu de yī céng.

A：那么，图书馆在哪儿？
nàme, túshūguǎn zài nǎr?

B：旁边那栋楼就是.
pángbiān nà dòng lóu jiù shì.

2

A : 劳驾，去王府井搭几路车？
láojià,   qù wángfǔjǐng dā jǐ lù chē?

B : 搭312路(公)共(汽)车，就可以去.
dā sān yāo èr lù (gōng)gòng(qì)chē, jiù kěyǐ qù.

A : 巴士站在哪里？
bāshìzhàn zài nǎlǐ?

B : 过这条小马路，就可以看见了.
guò zhè tiáo xiǎo mǎlù, jiù kěyǐ kànjiàn le.

A : 谢谢
xièxie!

B : 不谢
búxiè!

3

A：请问一下，市政府怎么走？
qǐngwèn yíxià, shìzhèngfǔ zěnme zǒu?

B：你开错了，过了斑马线，要倒车.
nǐ kāi cuò le, guò le bānmǎxiàn, yào dǎochē.

倒了车，你再问人家吧.
dǎo le chē, nǐ zài wèn rénjiā ba.

4

A：师傅，麻烦你，去天坛在哪儿下车？
shīfu, máfan nǐ, qù tiāntán zaì nǎr xià chē?

B：珠市口的下一站就是.
zhūshìkǒu de xìa yí zhàn jiù shì.

A：离这儿远不远？
lí zhèr yuǎn bu yuǎn?

B：挺近的. 马上就到.
tǐng jìn de. mǎshàng jiù dào.

문장분석

1. 在前面那栋楼的一层.

在: 동사 ②
前面那栋楼的一层: 목적어 ①

번역요령

"去王府井"는 "왕부정에 가다"라는 뜻이지만, "去王府井坐几路车?"라는 문장에서는 주어가 되어, '왕부정에 가는데' 란 뜻이 된다.

어휘의 사용

1 '走'의 사용과 '去'

'走'는 '걷다'란 뜻 이외 '去'와 같이 '가다'란 표현으로도 사용된다. '去'는 목적지가 있는 것에 사용되며, 설령 목적지를 나타내지 않아도 목적지로 '간다'는 것을 의미한다. 그러나 '走'는 목적지가 없는 표현에 사용되며, 단순히 가는데 중점을 둔다.

我去(≠走)中国.
wǒ qù(≠zǒu) zhōngguó.
나는 중국에 간다.

老师，我走(=去)了.
lǎoshī, wǒ zǒu(qù) le.
선생님 저 가겠습니다(갔습니다).

我走路去.
wǒ zǒu lù qù.
나는 걸어서 간다.

走路 zǒu lù 걷다

2 '錯'의 사용

① 錯 cùo 틀리다 ≠ 對 duì 옳다

你对，我错了.
nǐ duì, wǒ cuò le.
네가 옳고 내가 틀렸다.

② 不错 : 틀리지 않다(=沒错), 좋은 편이다.
괜찮다(인사말이 아닌 정도를 나타냄.)

这个东西不错. 挺好用的.
zhè ge dōngxi bú cuò. ting hǎo yòng de.
이 물건 괜찮네, 아주 쓰기가 좋아.

东西 dōngxi 물건

③ '동사 + 错(혹은 对)' : '错' 혹은 '对'가 동사 뒤에 붙여서 '잘못 …하다' 혹은 '올바로…하다'란 뜻을 나타낸다.

听错(对)	tīng cuò(duì)	잘못(올바로) 듣다
吃错	chī cuò	잘못 먹다
看错(对)	kàn cuò(duì)	잘못(올바로) 보다
写错(对)	xiě cuò(duì)	잘못(올바로) 쓰다

3 '到'의 사용

① 도착하다

我已经到了.
wǒ yǐjīng dào le
나는 이미 도착했다.

已经 yǐjīng 이미

② '到…去' : 가다, '到…来' : 오다

到韩国来.
dào hánguó lái
한국에 오다.

带团到中国去.
dài tuán dào zhōngguó qù.
관광단을 이끌고 중국에 가다.

带团 dàituán 관광객을 이끌다

③ …까지(‘从 cóng …로부터, …에서’와 함께 사용하기도 함.), …로

到十二号.
dào shí èr hào.
12일까지.

从我这儿到你那儿.
cóng wǒ zhèr dào nǐ nàr.
내 여기에서 너 그곳까지.

送到家门.
sòng dào jiā mén.
집까지 배달한다.

送 sòng 선사하다, 배웅하다, 배달하다

这封信寄到日本.
zhè fēng xìn jì dào rìběn.
이 편지는 일본으로 부친다.

④ ‘동사+到’ : 동작의 완료를 나타냄.

我终於买到这本书.
wǒ zhōngyú mǎi dào zhè běn shū.
나는 드디어 이 책을 샀다.

终於 zhōngyú 드디어

我见到他了.
wǒ jiàndào tā le
나는 그를 만났다.

我看到(=看见)他了.
wǒ kàndào(=kàn jiàn) tā le
나는 그를 보았다.

'길 묻기' 표현 및 긴 문장 다지기

주 어 + 부 사 + 동사(是) + 수량사 + 목적어

我 是 韩国大学的学生
wǒ shì hánguó dàxué de xuésheng
나는 한국대학교의 학생이다.

活动中心 就 在 教学楼的旁边.
huódòng zhōngxīn jiù zài jiàoxuélóu de pángbiān(r)
활동센터는 바로 강의동 옆에 있다.

活动 huódòng 활동, 행사
中心 zhōngxīn 중심, 센터
教学楼 jiàoxuélóu 교학 건물, 강의동

小卖部,文具店,邮局,书店 都 在 地下一层.
xiǎomàibù, wénjùdiàn, yóujú, shūdiàn dōu zài dìxià yī céng
매점 · 문구점 · 우체국 · 서점은 모두 지하 1층에 있다.

书店 shūdiàn 서점
文具店 wénjùdiàn 문구점
地下 dìxià 지하

A : 小姐，去建国门坐几路车？
xiǎojiě, qù jiànguómén zuò jǐ lù chē?
아가씨, 젠궈먼에 가는데 몇 번 차를 타죠?

地铁(站) dìtiě(zhàn) 지하철(역)

B : 坐二路地铁.
zuò èr lù dìtiě.
2호선 지하철을 타세요.

A : 小妹(妹)，地铁站在哪里？
xiǎomèi (mei), dìtiězhàn zài nǎlǐ?
얘야, 지하철역은 어디니?

B : 往前走十来分就到
wǎng qián zǒu shí lái fēn jiù dào
앞으로 10여분 걸으면 곧 도착합니다.

來 lái 여(어림수 = 几)

내 실력체크

听(tīng) 녹음21

1) 길 묻다　　묻겠는데요　　2) 앞　　옆

3) 차도　　즉시　　4) 시청　　행단보도

5) 유턴　　수고하다　　6) 멀다　　가깝다

说和写(shuō hé xiě)

1) A :你坐几路车来学校?

B : ____________________

2) A : ____________________?

B : 在那栋楼里.

现代 xiàndài 현대
代理店 dàilǐdiàn 대리점

간자체 쓰기

한자	병음
问	wèn
路	lù
部	bù
前	qián
面	miàn
栋	dòng
层	céng
旁	páng

劳 láo	一 十 卄 艹 芦 劳 劳
驾 jià	㇆ 力 力 加 加 驾 驾 驾
府 fǔ	丶 亠 广 广 庁 庁 府 府
井 jǐng	一 二 ナ 井
搭 dā	一 扌 扌 扌 扩 拃 拃 拱 拱 搭 搭 搭
公 gōng	丿 八 公 公
汽 qì	丶 丶 氵 氵 氵 汽 汽
巴 bā	㇆ ㇆ 巴 巴
士 shì	一 十 士

한자	병음	필순
站	zhàn	丶 亠 亣 立 立 站 站 站 站 站
这	zhè	丶 亠 亠 文 文 这 这
条	tiáo	丿 ク 夂 冬 条 条 条
看	kàn	一 二 三 手 手 看 看 看 看
市	shì	丶 亠 亠 市 市
政	zhèng	一 丅 下 正 正 政 政 政 政
错	cuò	丿 𠂉 𠂉 乍 钅 错 错 错 错 错 错 错 错
斑	bān	一 二 干 王 王 玟 玟 玟 班 斑 斑 斑
线	xiàn	𠃋 纟 纟 纟 纟 线 线 线

한자	병음
倒	dǎo
傅	fù
坛	tán
珠	zhū
离	lí
远	yuǎn
近	jìn

문화 이야기

중국 오악(五岳)의 하나, 항산(恒山)의 현공사(懸空寺)

북경에서 버스 또는 기차로 3시간 거리인 대동(大同)에 가서 다시 현공사로 감.

현공사 부근 계곡에는 작은 마을이 있으며, 이 곳에 사람들은 외부와 고립된 채 산촌생활을 한다. '현공사'는 '공중에 매달린 사찰'이란 뜻으로, 낭떠러지 암벽에 구멍을 뚫어 그다지 굵지도 않는 붉은 나무기둥 18개를 박고 그 위에 절을 세운 것이다. 다시 말하면, 깎아지른 절벽에 굵지도 않는 18개 기둥으로서 사찰을 받히고 있는 것이다. 1,500년의 시간이 흘렀지만 하중을 견디기에는 전혀 무리가 되지 않을 뿐 아니라 3층 건물에다 규모는 작지만 동수만 40여 개가 된다. 이는 정말 놀라운 건축기술이다. 사찰 내부에는 불상 이외 도상(道像)도 안치되어 있다. 1,500여 년 전 북위시대에 구겸지(寇謙之)라는 도사(道士)가 제자인 이교(李皎)에게 이와 같은 사찰을 짓기를 유언함에 따라 지어진 것이라고 전한다. 당시의 사찰명은 불교의 의미를 나타내고 있는 '玄'자를 써서 '玄空寺'라고 하였다.

사진은 "http://kr.blog.yahoo.co/kimhongsoo39/5559"에서 인용

第八课 打电话.

dì bā kè dǎ diànhuà

제 8 과 전화를 걸다.

전화 걸기

새단어 生词 [shēngcí] 녹음22

• 电话	diànhuà	명	전화
• 喂	wèi	감	야, 어이, 여보세요(사람을 부르거나 전화를 걸거나 받을 때 사용), 전화상으로는 또 'wéi'로 발음하기도 함.
• 刘	liú	성	유
• 对不起	duìbuqǐ		미안하다
• 出去	chūqu	동	나가다
• 零	líng	수	0, 영
• 可能	kěnéng	능동	아마도(…할 것이다)
• 加班	jiābān	동	잔업하다
• 或是	huòshì	부	혹은(=或者 huòzhě)
• 值班	zhíbān	동	당직서다
• 转告	zhuǎngào	동	전달하다, 转: 돌리다
• 留话	liú huà	동	말을 남기다. 留 : 남기다, 话 : 말(언어 따위)
• 总机	zǒngjī	명	교환대
• 分机	fēnjī	명	내선
• 别	bié		…하지 마라(=不要)
• 挂	guà	동	(전화를) 끊다, (물건을) 걸다
• 稍	shāo	부	잠시
• 等	děng	동 접미	기다리다, …등등
• 接	jiē	동	받다, 잇다, 마중하다

- 正 zhèng 부 마침, …중이다(=正在)
- 占线 zhànxiàn 동 통화중이다(=打不通 dǎ bù tōng), 점선(하다), 占 : 점유하다 线 : 선, 通话中 : 통화중
- 一会儿 yíhuìr 부 잠시

고유명사

- 小英 xiǎo yīn 인명 소영
- 三毛 sānmáo 인명 삼모
- 柳哲 liǔ zhé 인명 류철

제8과 회화(会话[huìhuà]) 녹음23

1

A：你的电话号码是多少？
nǐ de diànhuà hàoma shì duōshao?

B：家电话号是0516432127.
jiā diànhuà hào shì líng wǔ yāo liù sì sān èr yāo èr qī.

手机是0165960318. 你呢？
shǒujī shì líng yāo liù wǔ jiǔ liù líng sān yāo bā, nǐ ne?

A：1392058784
yāo sān jiǔ èr líng wǔ bā qī bā sì

B：家呢？
jiā ne?

A：家里没有电话，有什么事，就打手机.
jiā lǐ méiyǒu diànhuà, yǒu shénme shì(r), jiù dǎ shǒujī.

2

A：喂！是刘小姐家吗？
wéi! shì liú xiǎojiě jiā ma?

B：不是，你打错了.
bú shì, nǐ dǎ cuò le.

A：对不起.
duìbuqǐ.

B：哪里！哪里！
nǎlǐ! nǎlǐ!

3

A：喂！ 你那儿是9437021吗？
wèi! nǐ nàr shì jiǔ sì sān qī líng èr yāo ma?

B：对， 你找哪(一)位(=谁).
duì, nǐ zhǎo nǎ (yí) wèi.

A：我找三毛，她在家吗？
wǒ zhǎo sān máo, tā zài jiā ma?

B：我就是.
wǒ jiù shì.

4

A：喂！ 我找小英，她在吗？
wèi! wǒ zhǎo xiǎoying, tā zài ma?

B：她不在，她出去了.
tā bú zài, tā chūqù le.

A：她上哪儿了.
tā shàng nǎr.

B：我想，可能加班或是值班去了. 有什么事？
wǒ xiǎng, kěnéng jiābān huòshì zhíbān qù le. yǒu shénme shì(r)?

A：可能也是. 麻烦你，转告她柳哲来过电话.
kěnéng yě shì. máfán ni, zhuǎngào tā liǔ zhé lái guò diànhuà.

B：好的，我留话给她.
hǎo de, wǒ liú huà gěi tā.

A：谢谢！
xièxie!

5

A：喂！总机吗？请转601号分机
wèi! zǒngjī ma? qǐng zhuǎn liù líng yāo hào fēnji.

B：好，别挂，请稍等，我给你接.
hǎo, bié guà, qǐng shāoděng, wǒ gěi nǐ jiē.

A：谢谢！
xièxie!

B：电话正占线呢，等一会儿再打来，好吗？
diànhuà zhèng zhānxiànne, děng yíhuìr zài dǎ lái, hǎo ma?

A：好的！
hǎo de!

용법과 표현

1 '多少'와 '几'

'多少'는 우리말과 같이 '다소'의 뜻으로 사용하기도 하나, 또 '几'와 같이 수량을 묻는 의문문을 구사하기도 한다. '多少'는 '얼마', '얼마입니까?'란 뜻으로, 뒤에는 양사가 있어도 되고 없어도 되나, '几'는 '몇'의 뜻으로 뒤에는 반드시 양사가 와야 한다.

几　：몇(10개 이하의 수)
多少：얼마(10개 이상의 수)

一班有多少(个)学生?
yì bān yǒu duōshǎo (ge) xuéshēng
한 반에 학생이 얼마나 있습니까?

班 bān 반

一班有几个学生?
yì bān yǒu jǐ ge xuéshēng
한 반에 학생이 몇 명 있습니까?

苹果一斤多少钱?
píngguǒ yì jīn duōshǎo qián
사과 한 근에 얼마입니까?

苹果 píngguǒ 사과
斤 jīn 근(무게의 단위)

2 숫자 세는 법

중국에서의 전화번호 표현은 숫자를 이어서 쓴다. 전화번호 읽기뿐만 아니라, 기타 백 단위 이상의 숫자(호실, 신분증, 여권 등 번호)를 읽을 경우, 수사단위를 말하지 않고, 숫자만 말한다.

13912257788 (yāo sān jiǔ yāo èr èr wǔ qī qī bā bā)
1609号 (yāo liù líng jiǔ hào)

** 연도에 있어서는 수사단위를 읽을 수도 있고, 숫자만 하나하나씩 읽을 수도 있다. 여기에서는 '1'은 'yī'라고만 읽고, 'yāo'라고 읽지 않으며, 수사단위로 읽을 경우, '2'는 '二(èr)'이 아닌 '兩(liǎng)'으로 습관적으로 읽는다.

1993年 (yī jiǔ jiǔ sān nián 혹은 yì qiān jiǔ bǎi jiǔ shí sān nián)
2006年 (èr líng líng liù nián 혹은 liǎng qiān líng liù nián)

** 가격에 있어서는 수사단위를 넣어서 말한다.

2005块钱 (liǎng qiān líng wǔ kuài qián)
2050块钱 (liǎng qiān líng wǔ shí kuài qián)
2500块钱 (liǎng qiān wǔ bǎi kuài qián)
2500 (liǎng qiān wǔ bǎi 혹은 liǎng qiān wǔ)
250 (liǎng bǎi wǔ shí 혹은 liǎng bǎi wǔ)

3 "我就是" 뒤에는 '三毛'가 생략된 것이고, "바로 저입니다."라는 뜻으로 "就是我"로 쓸 수도 있다.

4 우리말에서는 전화번호가 '어떻게 됩니까?' 또는 '몇 번입니까?'로 '어떻게'와 '몇 번'이라는 표현을 쓰지만, 중국어에서는 "电话号码多少?", 즉 '얼마'라는 '多少' 표현을 쓴다.

어휘의 사용

1 '打'의 여러 표현 다시 읽히기

① 때리다, 치다

那个男人打了他一个耳光.
nà ge nánrén dǎ le tā yí ge ěrguāng.
그 남자는 그의 빰을 한 번 때렸다.

男人 nánrén 남자
打耳光 dǎ 'ěrguāng 빰을 때리다

② (전화를) 걸다

我给妈妈打电话.
wǒ gěi māma dǎ diànhuà.
나는 엄마에게 전화를 건다.

③ (손으로 하는 운동에) '…하다', (인사)하다

我打排球(篮球)
wǒ dǎ páiqiú (lánqiú)
나는 배구(농구)를 한다.

排球 páiqiú 배구
篮球 lánqiú 농구

打招呼
dǎ zhāohu
인사하다.

④ (양사) 다스

一打(本子)
yì dǎ (běnzi)
(공책) 한 다스

本子 běnzi 공책, 노트

2 掛

① (전화를) 끊다

② (물건을) 걸다

挂上名牌.
guà shàng míngpái.
명패를 걸다.

名牌 míngpái 명패

掛号 guàhào 접수하다, 등기하다

메모

'전화 걸기' 표현 및 긴 문장 다지기

주 어	+ 是 +	주격 보어
你的房间号	是	多少?
ni de fángjiān hào	shì	duōshao
(너의 방 번호는 몇 번이냐?)		
=你房间	是	多少号?
ni fángjiān	shì	duōshaohào
我房间	是	1203(号)
wo fángjiān	shì	yāo èr líng sān(hào)
(나의 방은 1203번이다.)		
运动场	有	多少（个） 学生?
yùndòngchǎng	yǒu	duōshǎo (ge) xuéshēng
(운동장에는 학생이 얼마나 있니?)		
运动场	有	十四个 学生.
yùndòngchǎng	yǒu	shí sì ge xuéshēng
(운동장에는 14명의 학생이 있다.)		
运动场	有	几 个 学生?
yùndòngchǎng	yǒu	jǐ (ge) xuéshēng
(운동장에는 학생이 몇 명 있니?)		

> 房间 fángjiān 방

> 运动场 yùndòngchǎng 운동장
> 运动 yùndòng 운동(하다)

1 A：白天打手机，晚上打到家.

báitiān dǎ shǒujī, wǎnshàng dǎ dào jiā.

낮에는 폰, 밤에는 집으로 걸다.(거세요.)

B：知道了，如果有事，我再联络你.

zhīdao le, rúguǒ yǒu shì, wǒ zài liánluò nǐ.

알았어, 만일 일이 있으면 내가 다시 너에게 연락한다.(하겠다)

> 如果 rúguǒ 만일 …한다면
> 联络 liánluò 연락하다

2 A：宝宝！打电话给你姑姑了吗？

bǎobao! dǎ diànhùa gěi nǐ gūgu le ma?

보배야！너 고모에게 전화를 걸었니?

> 宝宝 bǎobao 보보, 보배
> 자녀에 대한 애칭
> 姑姑 gūgu 고모

B：有(혹은 打了)！但是，没人接.

yǒu(dǎ le)! dànshì, méi rén jiē.

걸었어요, 그러나 받는 사람이 없어요.

> 但是 dànshì 그러나
> (=可是 kěshì)

A：唉！到底上哪儿了？

āi! dàodǐ shàng nǎr le?

아! 도대체 어디에 갔지?

> 到底 dàodǐ 도대체

3 A：火车站吗？

huǒchēzhàn ma?

역입니까?

> 火车站 huǒchēzhàn 역
> 火车 huǒchē 기차

B：我听不清楚，请大声说，好不好？

wǒ tīngbuqīngchu, qǐng dà shēng shuō, hǎo bu hǎo?

저는 잘 들리지 않아요, 큰 소리로 말씀하시는 것 어때요?

4 A：是秦先生吗？我是小孟，请秦太太听电话．

shì qín xiānsheng ma? wǒ shì xiǎo mèng, qǐng qín tàitai tīng diànhuà.

진선생님입니까? 저는 소맹인데 진부인님 바꿔주세요.

> 秦 qín 진(성씨)
> 小孟 xiǎo mèng 소맹(인명)

B：是你啊！等一下．（哎！美玲，电话！）

shì nǐ a! děng yíxià. (āi! měilíng, diànhuà!)

너구나! 좀 기다려. (미령, 전화 왔어.)

> 太太 tàitai 부인
> 美玲 měilíng 미령(인명)

5 A：你打电话到教育部吗？

nǐ dǎ diànhuà dào jiàoyùbù ma?

당신은 교육부로 전화 했어요?

> 教育部 jiàoyùbù 교육부

B：哎呀！我忘了．

āi yā! wǒ wàng le.

아! 제가 잊었어요.

> 忘 wàng 잊다
> (=忘记 wàngjì)

A：你怎么这么糊涂！

nǐ zěnne zhème hútú!

너 왜 이렇게 정신없어!

> 这么 zhème 이렇게
> 糊涂 hútú 흐리멍텅하다.

내 실력체크

听(tīng) 녹음24

1) 잔업	당직	2) 전달	말을 남기다
3) 교환대	내선	4) 통화중	번호
5) 미안하다	잠시	6) 아마도	혹은

说和写(shuō hé xiě)

1) Ⓐ：你电话多少？

Ⓑ：____________________

2) Ⓐ：喂！那儿是026125174吗？

Ⓑ：____________________

간자체 쓰기

电 diàn	丨 冂 日 日 电
话 huà	丶 讠 讠 讠 讦 讦 话 话
喂 wèi	丨 口 口 口 叩 叩 咀 咀 喂 喂 喂 喂
零 líng	一 ㇇ 雨 雨 雨 雨 雨 雨 雩 雩 雯 零 零
毛 máo	丿 二 三 毛
刘 liú	丶 亠 ナ 文 刈 刘
英 yīn	一 十 艹 艹 芇 苎 英 英
出 chū	𠃊 凵 中 出 出

한자	병음
值	zhí
转	zhuǎn
柳	liǔ
哲	zhé
加	jiā
或	huò
留	liú
总	zǒng
别	bié

挂 guà	一 十 扌 扩 扌 扌 挂 挂 挂
稍 shāo	一 二 千 千 禾 禾 禾 禾 禾 稍 稍 稍
等 děng	丿 ⺈ ⺮ ⺮ ⺮ ⺮ 笁 笁 笁 笁 等 等
接 jiē	一 十 扌 扌 扌 扌 扌 扌 扌 接 接
正 zhèng	一 丅 下 正 正
占 zhàn	丨 ⺊ ⺊ 占 占
线 xiàn	乙 纟 纟 纟 纟 线 线 线

第九课 地道的中国饭馆.

dì jiǔ kè dìdàode zhōngguó fànguǎn(r)

제 9 과 전통적인 중국음식점

전통중국요리집

새단어 生词 [shēngcí] 녹음25

단어	병음	품사	뜻
地道	dìdào	형	진짜다, 진짜의, 본고장(의)
饭馆	fànguǎn(r)	명	식당(=餐厅 cāntīng), 食堂 shítáng 식당(공동식당의 표현)
生活	shēnghuó	명 동	생활(하다)
习惯	xíguàn	명 동	습관, 습성, 버릇, 습관 되다, 익숙해지다
不过	búguò		그러나, …에 불과하다(=但是, 可是)
只是	zhǐshì	부	단지, 다만, 오직(=只 zhǐ)
家	jiā	명 양	집, 집의 양사
有点儿	yǒudiǎnr	부	약간, 조금
(一)点儿	yìdiǎnr	수량	약간, 조금
问题	wèntí	명	문제, 질문
只要…	zhǐyào		단지 …한다면
好吃	hǎochī	형	맛있다
行	xíng(r)		된다(=可以 kěyǐ), 대단하다
请客	qǐngkè		한턱 내다. 请 ① 청하다, ② 격식있는 표현. 客人: 손님
付	fù	동	(돈을)지불하다(付钱:계산하다=结账 jiézhàng)
光临	guānglín	명 동	왕림(하다)
随便	suíbiàn		마음대로
点	diǎn	동	주문하다(=要), 점(점을 찍다)
冬天	dōngtiān	명	겨울

• 还是	háishì	의대 부	아니면? 그래도 …하는 것이 좋다
• 啤酒	píjiǔ	명	맥주
• 饮料	yǐnliào	명	음료
• 来	lái	동	오다, 주문하다, 자, 여(어림수)
• 瓶	píng(r)	양	병, 瓶子(명) 병, 花瓶 꽃병
• 听说	tīngshuō	동	듣자니, 듣건대, 듣다
• 爱人	àirén	명	애인, 부부간의 호칭(중국대륙에서만)
• 手艺	shǒuyì(r)	명	솜씨
• 拿手菜	náshǒucaì	명	솜씨 있는 요리
• 像	xiàng	동	닮다, …와 같다
• 菜	cài	명	요리, 반찬
• 趁	chèn	동	틈타다
• 别	bié		…하지 마라(=不要)
• 用	yòng	동	사용하다. (음식을) 들다
• 得	de	조	정도보어결구조사 : '형용사+得+(부사)+동사'
• 起來	qǐlái	동	일어나다, '동사+起來'
• 香香的	xīangxiangde	형	매우 향기롭다
• 饱	bǎo	형	(배가) 부르다.
• 该…了	gāi…le		응당 …해야 한다
• 爱	aì	동	사랑하다, '爱+동사' …하기를 좋아하다 = 喜欢 xǐhuān
• 吃得惯	chī de guàn		입에 맞다(≠吃不惯)
• 待	dāi	동	머물다
• 一阵子	yízhènzi	부	한동안
• 并且	bìngqiě	접두	또한

• 既然…就…	jìrán… jiù…		기왕에 …하니, 곧 …하다
• 留学	liúxué	명 동	유학(하다)
• 品尝	pǐncháng	동	맛보다
• 饮食	yǐnshí	명	음식

고유명사

• 火锅	huǒguō	음식	중국식 샤브샤브
• 糖醋魚	tángcùyú	음식	탕수어. 糖 : 설탕, 醋 : 식초, 鱼 : 생선
• 锅巴汤	guōbātāng	음식	누룽지탕
• 豆醬汤	dòujiàngtāng	음식	된장찌개

제9과 회화(会话[huìhuà]) 녹음26

1

A：你在韩国生活习惯吗？
nǐ zài hánguó shēnghuó xíguàn ma?

B：挺好的. 吃住都习惯，只不过，想吃吃地道的中国饭.
tǐng hǎo de. chī zhù dōu xíguàn, zhǐbúguò, xiǎng chīchi dìdàode zhōngguófàn(r)

A：我知道一家，只是有点儿贵.
wǒ zhīdao yì jiā, zhǐ shì yǒudiǎnr guì

B：贵点儿没问题，只要好吃就行.
guì diǎnr méi wèntí, zhǐyào hǎochī jiù xíng.

A：你请客吗？
nǐ qǐngkè ma?

B：是的，來，我请客，你付钱.
shì de, lái, wǒ qǐngkè, nǐ fùqián.

2

（在中国餐厅）
(zài zhōngguó cāntīng)

A：欢迎光临．你们要什么？
huānyíng guānglín. nǐmen yào shénme?

B：今天我请客，随便点，想吃什么点什么．
jīntiān wǒ qǐngkè, suíbiàn diǎn, xiǎng chī shénme diǎn shénme.

C：冬天了，天气有点儿冷，还是吃火锅好．
dōngtiān le, tiānqì yǒudiǎnr lěng, háishì chī huǒguō hǎo.

B：随便你，喝点儿什么？啤酒还是饮料？
suíbiàn nǐ, hē diǎnr shénme? píjiǔ háishì yǐnliào?

C：来两瓶啤酒．听说你爱人的手艺不错．
lái liǎng píng píjiǔ. tīngshuō nǐ àirén de shǒuyì(r) búcuò.

她的拿手菜是什么？
tā de náshǒucaì shì shénme?

B：什么都是，像糖醋鱼啦，锅巴汤啦．
shénme dōu shì, xiàng tángcùyú la, guōbātāng la.

菜來了，趁热吃，别客气，请多用．
cài lái le, chèn rè chī, bié kèqi, qǐng duō yòng.

C：谢谢！菜做得很好吃．吃起來香香的．
xièxie! cài zuò de hěn hǎochī. chīqǐlái xīangxiangde .

B：吃饱了，该走了．
chī bǎo le, gāi zǒu le.

C：再喝点儿吧！
zài hē diǎnr ba!

B：你真行．
nǐ zhēn xíng(r).

3

A : 你爱吃韩国饭吗?
nǐ ài chī hánguó fàn ma?

B : 喜欢吃.
xǐhuān chī.

A : 豆酱汤吃得惯吗?
dòujiàngtāng chī de guàn ma?

B : 对不起, 我吃不惯.
duìbuqǐ, wǒ chībuguàn.

A : 再待一阵子会吃得惯的. 并且,
zài dāi yízhènzi huì chī de guàn de. bìngqiě,

既然留学韩国, 就要多品尝韩国饮食.
jìrán liúxué hánguó, jiùyào duō pǐncháng hánguó yǐnshí.

어법과 표현

1 '有点儿'와 '(一)点儿'의 용법

'有点儿'와 '一点儿'은 모두 '조금, 약간'의 뜻으로 우리말은 마치 부사로 인식될 수 있으나 중국어의 '(一)点儿'는 수량사로 문장에서의 위치는 다른 수량사와 같이 명사 앞, 형용사 또는 동사 뒤에 위치하며, "형용사(동사) + 一点儿 + 명사"형으로 이루어진다. '儿' 자는 '얼화운'으로 생략해도 되며, 앞에 지시대명사 또는 동사와 함께 사용할 경우 '一'자는 보통 많이 생략한다. '有点儿'은 부사로 품사와 관계없이 명사, 형용사앞에 놓이며, 지시대명사 또는 동사와는 함께 쓸 수 없다.

一点儿 + 명 사

一点儿　饭
yìdiǎnr　fàn
밥 조금
2　1

一点儿　心意
yìdiǎnr　xīnyì
약간의 마음(정성)

心意 xīnyì 정성

有点儿 + 명 사(형용사)

有点儿　饭
밥이 조금 있다.

有点儿　心意
약간의 마음(정성)이 있다.

동 사(형용사) + 一点儿 = 有点儿 + 명 사(형용사)

冷 lěng	一点儿 yìdiǎnr	有点儿 yǒudiǎnr	冷 lěng
약간 춥다. (2 1)		약간 춥다. (1 2)	

吃 chī	一点儿 yìdiǎnr
약간 먹다.	

주 어 + 동사(형용사) + 수량사 + 명 사

我 wǒ	喝 hē	点儿 diǎnr	牛奶 niúnǎi

(나는 우유를 약간 마시겠다.)

1 4 3 2

你 nǐ	安静 ānjìng	点儿 diǎnr	吧. ba

(당신 좀 조용히 하시죠.)

1 3 2

2 '还是…(好)'의 긍정문적 용법

'还是'는 의문문과 긍정문에 모두 사용되며, 긍정문으로는 '여전히' · '…하는 편이 좋다' 등 뜻으로 사용되는데, '…하는 편이 좋다'의 뜻을 가질 경우, 뒤에 '좋다'의 뜻인 '好'자를 붙이면 그 의미를 더욱 명확하게 나타낼 수 있다.

时间太晚了，还是明天一早去(吧).
shíjian tài wǎn le, háishì míngtian yì zao qù (ba)

=时间太晚了，还是明天一早去好
신간이 너무 늦어서 내일 아침 일찍 가는 것이 좋겠다.

> 早 : 이르다, 일찍
> 一早 : 아침 일찍

天气阴，还是把伞带着好.
tiānqì yīn, háishì bǎ sǎn dài zhe hǎo

=天气阴，还是把伞带着(吧)
날씨가 흐리니 우산을 지니는 것이 좋겠다.

> 阴 yīn 흐리다(≠晴 qīng 맑다)
> 伞 sǎn 우산(=雨伞)

3 得의 '동사+得+(부사)+형용사'형 용법

'得'자는 동작을 나타내는 동사와 동사 뒤에서 그 동작의 정도를 수식해주는 형용사, 즉 동사의 정도보어를 이어 주는 역할을 하며, '정도보어 결구조사'라고 한다. 한국어로 번역하면 마치 '부사+동사'형으로 여길 수 있으나, '동사+得+(부사)+형사형'은 '형용사구'로 '상황' 또는 '동작의 정도'를 나타내며, 대체로 뒤에서 앞으로 번역한다. '부사+동사' 형은 '동사구'로 문구의 '동작'을 나타낸다.

주 어 + 부 사 + 형용사구(동사 + 得 + (부사) + 형용사) – 동작의 정도

那个小男孩儿	跑	得	(很)	快.
nà ge xiǎonánháir	pǎo	de	(hěn)	kuài

그 남자아이는 (매우) 빨리 달린다.

> 跑 pǎo 뛰다
> 男孩儿 nánháir 남자아이

这篇文章	写	得	(真)	好.
zhè piān wénzhāng	xiě	de	(zhēn)	hǎo

이 글은 정말 잘 썼다.

> 篇 piān 편(글 따위의 양사)
> 文章 wénzhāng 글, 문장

他 天天都 起 得 晚.
tā tiāntiān dōu qǐ de wǎn
그는 매일 모두 늦게 일어난다.

起 qǐ '起来'의 줄인 말
晚 wǎn 늦다
天天 tiāntiān 매일

부사 + 동사 — 동작

快 跑. 빨리 뛰다.
晚 起. 늦게 일어나다.

'동사+得+형용사'의 부정형

동작의 정도를 부정하는 것이므로, 동작의 정도를 수식하는 형용사를 부정형식으로 해야 한다. 만일 동사를 부정형으로 만들면, 동작 자체가 이루어지지 않으므로, 문장이 이루어질 수 없다.

주어 + 부사 + 형용사구(동사 + 得 + 不 + 형용사)

那个小男孩儿 跑 得 不 快.
nà ge xiǎonánháir pǎo de bú kuài
그 남자아이는 뛰는 게 빠르지 않다.

这篇文章 写 得 不 好.
zhè piān wénzhāng xiě de bù hǎo
이 글은 못 썼다.

他 天天都 起 得 不 早.
tā tiāntiān dōu qǐ de bù zǎo
그는 매일 모두 일찍 일어나지 않는다.

4 得의 '동사 + 得 + 동사'형 용법

'得'자는 정도보어결구조사로 '동사+得+(부사)+형용사'형의 '형용사구'를 구사하는 것 이외 또 '동사+得+동사'형의 '동사구'를 구사하는데, 이럴 경우 단어로 익히기도 한다. 부정형은 '동사+得+不+형용사'와 달리 '得' 대신 '不'를 써서 '동사+不+동사'형을 이룬다.

주 어 + 부 사 + 동사구 (동사 + 得 + 동사) + 목적어

我	吃得惯	韩国泡菜.
wǒ	chī de guàn	hánguó pàocaì

나는 한국김치 (먹는 것)에 익숙하다.

泡菜 pàocaì 김치(소금, 간장에 저린 반찬)

吃得惯	chī de guàn	먹은 것에 익숙하다
吃得了	chī de liǎo	다 먹을 수 있다.
用得了	yòng de liǎo	다 사용할 수 있다.
买得起	mǎi de qǐ	구입할 수 있다. 구입할 능력이 되다.

부정형 : 동사 + 不 + 동사

吃 不 惯
吃 不 了
用 不 了
买 不 起

5 '行'과 '可以'

'行'은 '대단하다'와 '되다'의 뜻으로 사용되는데, '되다'의 뜻인 경우, '…할 수 있다' 또는 '되다'의 뜻인 '可以'와 같이 사용할 수 있다. 단 '可以'는 조동사로 문장 안에 사용할 수 있으나, '行'은 문장을 이룰 수 없다.

A : 我可以关窗户吗? (≠行)
wǒ kěyǐ guān chuānghù ma
제가 창문을 닫아도 됩니까?

窗户 chuānghù 창문

B : 可以. (=行)
kěyǐ. (xíng)

A : 可以吗? (=行)
kěyǐ ma? (xíng)

B : 不可以. (=不行)
bù kěyǐ. (bù xíng)

6 '동사 + 起来'

① '起来'는 본동사 '일어나다'의 뜻 이외, 감각기관 동사 뒤에 놓여 '…하기에' 라는 뜻을 가진다.

감각기관 동사 + 起来

闻起来很臭.
wénqilái hěn chòu
냄새 맡기에 매우 구리다.

闻 wén (냄새를) 맡다
臭 chòu (냄새가) 구리다

吃起来很香.
chīqǐlái hěn xīang
먹기에 매우 향기롭다.

她看起来很年轻.
tā kànqǐlái hěn niánqīng
그녀는 보기에 매우 젊다.

年轻 niánqīng 젊다

我看起来不舒服吗？

wǒ kànqǐlái bù shūfu ma

내가 보기에 아프니? 내가 아프게 보이니?

** "내가 보기에 그는 아픈 것 같다"에서의 '보기에' 표현은 중국어에서는 "看起来"로 쓰면 안 되고, "我看 …"로 써야 한다.

我看，他好像不舒服.

wǒ kàn, tā hǎoxiàng bù shūfu

내가 보기에 그는 불편한(아픈) 듯하다.

好像 hǎoxiàng 마치…한 듯하다 …같다

② '일반동사(또는 형용사) + 起来' : …하기 시작하다

동작이 위로 향함을 나타낸다.

동작의 완성을 나타낸다.

天气渐渐冷起来了.

tiānqi jiànjian lěngqǐlái le

날씨가 점점 추워지기 시작하다.

渐渐 jiànjian 점점, 점차

** 가까운 미래에 곧 발생할 것을 나타내므로 문미에 '了'자를 붙인다.

他的病好起来了.

tā de bìng hǎoqǐlái le

그의 병은 좋아지기 시작했다.

站起来说.

zhànqǐlái shuō

일어나서 말해.

站 zhàn 서다

那件事，我想起来了.

nà jiàn shì(r), wǒ xiǎngqǐlái le

그 일이 나는 생각이 났다.

件 jiàn 건(사건, 윗도리 등의 양사)

7 '형용사의 중첩'형

'형용사의 중첩형'은 '강조의 어기'를 나타내며, '很+형용사'의 표현이 된다. 따라서 중첩된 형용사 앞에는 '很'자와 '不'자를 붙일 수 없고, 중첩된 형용사 뒤에는 반드시 '的'자를 붙여야 한다. 쌍음절 형용사의 중첩은 'AABB'형 또는 'ABAB'형 및 기타 유형으로 이루어지고, '愉快' yúkuài 유쾌(하다)는 중첩을 할 수 없다.

他的眼睛大大的。(=很大)
tā de yǎnjīng dàdàde. (hěn dà)
그의 눈은 매우 크다.

眼睛 yǎnjīng 눈(신체)

妹妹的皮肤白白的(=很白)，像雪一样。
mèimei de pífū báibáide (hěn bái), xiàng xuě yíyàng.
여동생의 피부는 매우 하얗다, 눈과 같다.

皮肤 pífu 피부
白 bái 하얗다
雪 xuě 눈
一样 yíyàng 같다

这家的水果都甜甜的。(=很甜)
zhè jiā de shuǐguǒ dōu tiántiánde. (hěn tián)
이 집의 과일은 모두 매우 달다.

水果 shuǐguǒ 과일
甜 tián 달다

仲秋节的月亮亮亮的。(=很亮)
zhòngqiūjié de yuèliàng liàngliàngde
추석의 달은 매우 밝다.

仲秋节 zhòngqiūjié 추석, 중추절

生活平平安安的。(=很平安)
shēnghuó píngpíng'ān'ānde
생활은 매우 평안하다.

平安 píng'ān 평안(하다)

他的头发漆黑漆黑的。(=很漆黑)
tā de tóufà qīhēi qīhēide
그의 머리카락은 매우 새까맣다.

漆黑 qīhēi 새카맣다

她的脸通红通红的.(=很通红)
tā de liǎn tōnghóng tōnghóngde
그녀의 얼굴은 매우 붉다.

> 脸 liǎn 얼굴
> 通红 tōnghóng 빨갛다

那个人做事马马虎虎的.(=很马虎)
nà ge rén zuò shì mǎmǎhūhū de
그 사람은 일을 대충한다.

> 马虎 mǎhū 그저 그렇다

AABB형 :	快乐	(kuàilè)	→	快快乐乐 (매우 즐겁다)
	高兴	(gāoxìng)	→	高高兴兴 (매우 기쁘다)
	老实	(lǎoshí)	→	老老实实 (매우 얌전하다)
	平安	(píng'ān)	→	平平安安 (매우 평안하다)
	漂亮	(piàoliàng)	→	漂漂亮亮 (매우 예쁘다)
	马虎	(mǎhū)	→	马马虎虎 (그저 그렇다)
ABAB형 :	冰凉	(bīngliáng)	→	冰凉冰凉 (매우 차다)
	漆黑	(qīhēi)	→	漆黑漆黑 (매우 어둡다, 매우 검다)
	通红	(tōnghóng)	→	通红通红 (매우 붉다)
	雪白	(xǔebái)	→	雪白雪白 (매우 희다)
A里AB형 :	糊涂	(hútú)	→	糊里糊涂 (매우 흐리멍텅하다)

8 '该…了'

'该'는 '마땅히…해야 하다'의 뜻으로, 과거형은 아니지만, '미래 곧 발생되는 표현'으로, 습관적으로 문미에 '了'자를 반드시 써야 한다.

9 '명사(또는 형용사) + 了'의 표현

명사 또는 형용사 뒤에 '了'자를 붙이면, 상황의 완료형이 된다.

주어 + 형용사

冬天 了.（=冬天到了）
dōngtiān le (dōngtiān dào le)
겨울이다./ 겨울이 되었다.

冬天 dōngtiān 겨울

病 好 了.
bìng hǎo le
병이 나았다.

饭 好 了.
fàn hǎo le
밥이 되었다.

10 가게(식당)에서의 표현들 및 '來'자 용법

가게(식당)에서의 표현들

"…를 원하십니까?", "…드릴까요?", "…주세요." 등 표현은 '要 원하다', '来 오다' 등 동사로 표현하며, 음식점에서는 '要', '来' 이외, '点'으로도 표현한다. '点'은 '주문하다'의 뜻임.

来（=要）一碗酸辣面.
lái(yào) yì wǎn suānlàmiàn
쑤안라미엔 한 그릇 주세요.

碗 wǎn 그릇

酸辣面 suānlàmiàn 시고 매운 면, 酸 : 시다
辣 : 맵다, 面 : 면, 국수

请慢慢点吧.
qǐng mànman diǎn ba.
천천히 주문하세요.

'來'자 용법

'來'는 '오다'란 뜻과 주문 받을 때나 할 때 사용하는 것 이외, 또 여러 표현으로 사용된다.

① 來+동사 : 방향을 나타냄. 이를 경우, '오다'란 뜻보다는 이 동작에 대한 강한 의지를 나타낸 것이다.

我来介绍一下.
wǒ lái jièshào yíxià(r)
내가 소개를 좀 하겠습니다.

介绍 jièshào 소개(하다)

② 자…

来, 乾杯.
lái, gānbēi.
자, 건배!

③ '발생'의 뜻을 가짐.

来=发生 fāshēng 발생(하다)

问题又来了.
wèntí yòu lái le
문제가 또 발생했다.

问题 wèntí 문제, 질문

④ '어림수'를 나타냄

'…여', '…남짓', '…몇' 등 어림수를 나타내는 낱말로, '来', '多', '几' 등이 있다. 습관적으로 수사가 1에서 9까지 어림수는 양사 뒤에 쓰이며, '多', '来'를 써야 한다. 수사가 10 이상일 경우, 어림수는 양사 앞에 쓰이며, '来', '多', '几' 등을 모두 쓸 수 있다. 양사가 없을 경우 '来'를 쓰지 않는다.

两个多(=来)月.
liǎng ge duō (lái) yuè
두 달 남짓.

十多(=来, 几)个学生.
shí duō (lái, jǐ) ge xuéshēng
10여(몇) 명의 학생.

四十多(=来, 几)年.
sì shí duō (lái, jǐ) nián
40여(몇) 년.

一百多(=来, 几)斤.
yì bǎi dūo (lái, jǐ) jīn
100근 남짓(100 몇 근).

一百多(=几).
100이 넘는다.

문장분석

1. 听说你爱人的手艺儿不错.

동사② (听说) 목적어① (你爱人的手艺儿不错)

어휘의 사용

1 像

① 닮다

我的鼻子像我爸爸.
wǒ de bízi xiàng wǒ bàba
나의 코는 내 아빠를 닮(았)다.

鼻子 bízi 코

② 같다

像你这种人，在社会上就吃亏了. 你明白吗?
xiàng nǐ zhè zhǒng rén, zài shèhuì shàng jiù chīkuī le. nǐ míngbái ma?
너 같은 이러한 사람은 사회에서 손해를 본다. 너 이해하니?

明白 míngbái 이해하다, 명백

社会 shèhuì 사회
吃亏 chīkuī 손해보다

种 zhǒng 종류(=种类 lèi)

2 '好'의 여러 표현

① '好'는 형용사로 '좋다'란 뜻이며, 뒤에 '了'자가 오면 동사화되어 '됐다'의 의미가 된다.

② '好'가 동사 뒤에 와서 '동사+好'구를 이룰 경우, '好'는 결과보어로, '잘' 또는 '다' 등의 뜻을 가진다.

我作好了功课.
wǒ zuò hǎo le gōngkè.
나는 공부를 다 했다.

功课 gōngkè 공부

③ 매우, 아주, 너무 (=很=非常=十分)

那个女人好美啊!
nà ge nǚrén hǎo měi a!
그 여인은 매우 아름답다!

④ '好+ 감각동사'

好吃(맛있다) ≠ 难吃(먹기가 힘들다)
好听(듣기 좋다) ≠ 难听(듣기 싫다)
好看(예쁘다 : 漂亮 piàoliàng) ≠ 难看(안 예쁘다)

3 '得'의 여러 표현

① 동사 : dé 얻다

我得了一笔钱
wǒ dé le yì bǐ qián
나는 돈을 한몫 얻었다

笔 bǐ 펜, 몫(양사)

② 조사 : de 동사 + 得 + 형용사
동사 + 得 + 동사

③ 능동사 : deǐ …해야 하다

我得减肥
wǒ deǐ jiǎnféi
나는 다이어트를 해야 한다.

减肥 jiǎnféi 다이어트하다
减 jiǎn 감소하다, 빼기
肥 féi 뚱뚱하다

既然… 就…

'既然'은 '기왕에'의 뜻을 가지는 접속사로 주어 앞과 뒤에 모두 놓을 수 있고, 뒤에는 '就' · '也' · '那么' 등 부사가 있는 문장이 와야 한다.

既然要走，就早点动身吧！
jìrán yào zǒu, jiù zǎo diǎn dòngshēn ba
기왕에 가려면, 곧 일찍 출발해라.

动身 dòngshēn 출발하다
已经 yǐjīng 이미
跟 gēn …와(=和 hé)

既然饭已经都做好了，那么，你就跟我们一起吃吧.
jìrán fàn yǐ jīng dōu zuò hǎo le, nàme, nǐ jiù gēn wǒmen yìqǐ chī ba
기왕에 밥을 이미 다 만들었으니, 그럼, 당신은 곧 우리와 함께 드시죠.
= 饭既然已经都做好了，你就跟我们一起吃吧.

내 실력체크

听(tīng) 녹음27

1) 한턱내다　식당
2) 생활　음식
3) 탕수어　누룽지탕
4) 맥주　음료
5) 맛보다　솜씨
6) 겨울　듣자니

说和写(shuō hé xiě)

1) A：你喜欢吃米饭还是面?

B：________________

2) A：菜，你做得好吃吗?

B：________________

米饭 mǐfàn 쌀밥

간자체 쓰기

한자	병음
地	dì
馆	guǎn
习	xí
惯	guàn
题	tí
付	fù
光	guāng
临	lín

随	suí
便	biàn
冬	dōng
火	huǒ
锅	guō
啤	pí
酒	jiǔ
饮	yǐn
料	liào

한자	병음
瓶	píng
听	tīng
艺	yì
拿	ná
菜	caì
像	xiàng
糖	táng
醋	cù
鱼	yú

巴	bā
汤	tāng
趁	chèn
别	bié
得	de
起	qǐ
香	xīang
饱	bǎo
该	gāi

豆	dòu
待	dāi
阵	zhèn
并	bìng
且	qiě
既	jì
然	rán
品	pǐn
尝	cháng

饮 yǐn	丿 𠂉 饣 饣 饣 饮 饮
食 shí	丿 人 人 今 今 今 食 食 食

문화 이야기

대동(大同)의 운강석굴(云岡石窟)과 낙양(洛阳)의 용문석굴(龙门石窟)

대동(따통)시내에서 20분 정도 가면 운강석굴(윈강쓰쿠)이 있는데, 이곳의 운강석굴은 돈황의 막고굴(뭐가오쿠 莫高窟)과 낙양(뤄양)의 운강석굴(윈강쓰쿠)과 더불어 중국의 3대 석굴로 불리며, 이 중에서 운강석굴이 가장 높은 평가를 받고 있다.

삼국지의 무대인 낙양(뤄양)에 위치하며, 용문석굴(롱먼쓰쿠)의 2,345여 개의 석굴, 2,800여 개의 비문, 50여 개의 불탑과 10만 여 개의 크고 작은 불상들의 장관에 감탄을 금할 수 없을 것이다. 그러므로 용문석굴은 중국의 종교 · 서예 · 미술 · 건축 등에 있어 살아 있는 귀중한 역사의 배움터인데, 북위시대와 당나라 무칙천시대에 만들어졌다.

第十课　买二手自行车.

dì shí kè　　mǎi èrshǒu zìxíngchē

제10과　　중고 자전거를 산다.

자전거 왕국 – 중국

새단어 生词 [shēngcí] 녹음28

• 二手(货)	èrshǒu(huò)	명	중고(품)
• 自行车	zìxíngchē	명	자전거
• 骑	qí	동	(자전거 · 오토바이 · 말 등을) 타다
• 出门	chū mén(r)		외출하다. 出來: 나오다, 出去: 나가다, 门: 문
• 常	cháng	부	종종 = 常常
• 打的	dǎdī		택시를 타다(=坐出租汽车 zuò chūzū qìchē. 坐 : 타다, 出租汽车: 택시, 汽车: 승용차)
• 花	hua	명 동	꽃, (돈을) 쓰다, (시간을) 소요하다
• 又…又…	yòu…yòu…		…하기도 하고 …하기도 하다
• 省	shěng	동	절약하다 ≠ 费 fèi
• 方便	fāngbiàn	형	편리하다
• 害怕	hàipà	형 동	두렵다, 두려워하다
• 敢	gǎn	부	감히
• 不要…	búyào		…하지 마라 = 别 bié
• 怕	pà	동	무서워하다, 두려워하다
• 辆	liàng	양	대(차 따위의 양사)
• 新	xīn	형	새롭다, 새로운
• 比较	bǐjiào	동 부	비교하다, 비교적
• 便宜	piányí	형	저렴하다, 싸다 = 贱 jiàn ≠ 贵 guì 비싸다

• 校园	xiàoyuán	명	교원, 캠퍼스
• 布告栏	bùgàolán	동	게시판
• …上	shàng		…에
• 贴	tiē	동	붙다, 붙이다
• 着	zhe	조	‘동사+着’ 동작의 지속 또는 상태를 나타냄.
• 布告	bùgào	명	공지
• 带	dài	동	휴대하다, 이끌다, (아이를) 돌보다, 데리고
• 卖车的	mài chēde		차를 파는 사람(= 车主人). 主人 zhǔrén 주인
• 通	tōng	동	통하다
• 颜色	yánsè	명	색깔
• 旧	jiù	형	낡다
• 红色	hóngsè	명	홍색, 빨간색. 紅 : 빨갛다
• 车棚	chēpéng	명	주차장(=停车场), 차고 = 车库, 停车位 : 주차공간
• 下去	xiàqù	동	내려가다
• 以后	yǐhòu		이후

제10과 회화(会话[huìhuà]) 녹음29

1

A：你有自行车吗？
nǐ yǒu zìxíngchē ma?

B：没有，我不会骑。所以，出门常打的。
méiyǒu, wǒ bú huì qí. suǒyǐ, chūmén(r) cháng dǎdī.

A：打的多花钱。骑自行车，又省钱又方便。
dǎdī duō huā qián. qí zìxíngchē, yòu shěngqián yòu fāngbiàn.

B：我害怕，不敢骑。
wǒ hàipà, bùgǎn qí.

A：不要怕，我教你骑。
búyào pà, wǒ jiāo nǐ qí.

B：真的，那太好了！
zhēn de, nà tài hǎo le!

2

A：我想去买辆自行车？
wǒ xiǎng qù mǎi liàng zìxíngchē?

B：买新的还是二手货？
mǎi xīnde háishì èrshǒuhuò?

A：想买二手货，二手货比较便宜.
xiǎng mǎi èrshǒuhuò, èrshǒuhuò bǐjiào biányi.

B：校园布告栏上，贴着卖车的布告. 我带你去看吧.
xiàoyuán bùgàolán shang, tiēzhe mài chēde bùgào, wǒ dài nǐ qù kàn ba.

3

（和卖车的通电话）
(hé mài chē de tōng diànhuà)

A：喂，你要卖车吗？
wèi, nǐ yào mài chē ma?

B：对.
duì.

A：你的车是什么颜色的？ 用了多久？
nǐ de chē shì shénme yánsède? yòng le duōjiǔ?

B：不到两年，还很新. 一点儿都(也)不旧. 是红色的.
búdào liǎng nián, hái hěn xin, yìdiǎnr dōu(yě) bú jiù. shì hóngsède.

A：可不可以看？
kěbukěyǐ kàn?

B：当然可以，车在宿舍的车棚里.
dāngrán kěyǐ, chē zài sùshè de chēpéng lǐ.

A：我现在就下去，十分以后见吧.
wǒ xiànzài jiù xiàqù, shí fēn yǐhòu jiàn ba.

용법과 표현

1 '打的'은 '택시를 타다'란 뜻으로, 홍콩문화의 영향을 받아 중국에서 출현한 유행어이며, 홍콩 택시의 의성어인 '的士' 또는 '得士'라는 어휘에서 비롯되었다. '택시'의 원 낱말은 중국에서는 '出租(汽)车 chūzū(qì)chē', 대만에서는 '计程车 jìchéngchē'라고 한다.

2 又…又…

"又…又…"는 "…하기도 하고 또 …하기도 하다"라는 표현으로, 동사 또는 형용사가 중복 출현하는 경우에 사용된다.

주 어 + 형용사

他的鼻子 又高又大.
tā de bízi yòu gāo yòu dà
그의 코는 높이도 하고, 크기도 하다.

3 '太…了' 표현과 '很', '非常 fēicháng', '十分', '好'

'太'는 '很', '非常', '十分', '好'와 같이 모두 '매우, 아주, 너무'라는 뜻이다. '很', '非常', '十分', '好'는 평술어에 사용되고, '太'는 감탄사적인 어기가 내포되며, 대체로 뒤에 '了'자를 붙여 쓴다. 그러나 '不太…, 그다지…하지 않다' 부분부정을 나타낼 경우, '了'자를 쓰지 않는다. '好'자가 매우란 뜻으로는 '好'자 이외의 형용사에 사용된다.

韩国太好了!
hánguó tài hǎo le
아! 한국은 너무 좋다.

韩国很(=非常=十分)好.
hánguó hěn(fēicháng, shífēn) hǎo.
한국은 매우 좋다.

她的眼睛很(=非常, 十分, 好)漂亮.
tā de yǎnjīng hěn (fēicháng, shífēn, hǎo) piàoliàng
그녀의 눈은 아주 예쁘다.

漂亮 piàoliàng 예쁘다

这套衣服不太好看.
zhè tào yīfu bú tài hǎokàn.
이 옷은 그다지 예쁘지 않다.

套 tào (옷, 가구 등) 벌, 세트

4 상태 또는 동작의 지속을 나타내는 '着'

① '着'자는 동사 뒤에 놓여 '동사+着'형으로 이루어지며, 상태 또는 동작의 지속을 나타낸다.

他穿鞋. – 동작
tā chuān xié
그는 신발을 신는다.

穿 chuān 입다, 신다

他穿着鞋. – 동작의 지속
tā chuān zhe xié
그는 신발을 신고 있다.

那个小孩儿穿雨衣. – 동작
nà ge xiǎoháir chuān yǔyī
그 아이는 우의를 입는다.

雨衣 yǔyī 우의

那个小孩儿穿着雨衣. – 동작의 지속
nà ge xiǎoháir chuān zhe yǔyī
그 아이는 우의를 입고 있다.

冬服 dōngfú 동복
≠夏服 xiàfú 하복

学生穿冬服了. – 동 작
xuésheng chuān dōngfú le
학생은 동복을 입었다.

学生穿着冬服. – 동작의 지속
xuésheng chuān zhe dōngfú
학생은 동복을 입고 있다.

房间开着灯. – 상 태
fángjiān kāi zhe dēng
방에 불이 켜져 있다.

房间 fángjiān 방
灯 dēng 등

墙上挂着世界地图. – 상 태
qiáng shàng guà zhe shìjiè dìtú
벽에는 세계지도가 걸려 있다.

墙 qiáng 벽, 담
挂 guà 걸다
世界 shìjiè 세계
地图 dìtú 지도

② '…하면서 …하다'의 뜻으로 두 동작이 동시 지속(진행)될 경우, 앞 동사 뒤에는 '着'자를 붙이는데, 이때 '한편으로…하고, 한편으로 …하다'의 뜻인 '一边(yìbiān)…一边…' 또는 '一面(yímiàn)…一面…'으로 대체할 수 있다. '一边'과 '一面' 뒤에는 동사를 넣는다.

주 어 + 동 사 + 着 + 목적어 + 동 사 + 목적어

妹妹	听	着	音乐	写	报告.
mèimei	tīng	zhe	yīnyuè	xiě	bàogào

=妹妹一边听音乐，一边写报告.
mèimei yìbiān tīng yīnyuè yìbiān xiě bàogào

> 报告 bàogào 보고서
> 보고(하다)

주 어 + 동 사 + 목적어

我	喜欢	在街上走着吃东西.
wǒ	xǐhuān	zài jiē shàng zǒu zhe chī dōngxi

나는 거리에서 걸으면서 음식 먹기를 좋아한다.

> 街 jiē 거리

= 我	喜欢	在街上(一)边走(一)边吃东西.
wǒ	xǐhuān	zài jiē shàng (yì)biān zǒu (yì)biān chī dōngxi

5 可不可以

"可不可以?"는 원래는 "可以+不可以?"문이다. 이와 같이 두 글자로 이룬 동사 또는 형용사인 단어가 "긍정+부정"형의 의문문을 구사할 경우, 앞 단어의 뒤 글자는 보통 생략해서 쓰는 편이며, 생략된 말은 더욱 매끄러운 느낌을 준다.

可以+不可以? (되니 안 되니?) → 可不可以?
喜欢+不喜欢? (좋아하니 안 하니) → 喜不喜欢?

你喜不喜欢看电影?
nǐ xǐ bu xǐhuān kàn diànying(r)
당신은 영화보기를 좋아 합니까 안 합니까?

어휘의 사용

1 '带'

① 휴대하다

我带雨伞了.
wǒ dài yǔsǎn le.
나는 우산을 휴대했다.

② 이끌다

带团去欧洲.
dàituán qù ōuzhōu.
관광단을 이끌고 유럽에 간다.

欧洲 ōuzhōu 유럽

③ (아이를) 돌보다

妈妈带孩子很辛苦.
māma dài háizi hěn xīnkǔ.
어머니는 아이를 돌보는데 아주 고생한다.

辛苦 xīnkǔ 고생하다

④ 데리고

爸爸带弟弟去中国旅游.
bàba dài dìdi qù zhōngguó lǚyóu.
아버지는 남동생을 데리고 중국에 가서 여행한다.

旅游 lǚyóu 여행(하다)(=旅行 lǚxíng)

내 실력체크

听(tīng) 녹음30

1) 중고품	자전거	2) 택시 타다	외출하다
3) 저렴하다	공지하다	4) 캠퍼스	교복
5) 두렵다	편리하다	6) 빨간색	검은색

说和写(shuō hé xiě)

1) Ⓐ：你坐什么上学？

Ⓑ：______________

2) Ⓐ：二手货你认为怎样？

Ⓑ：______________

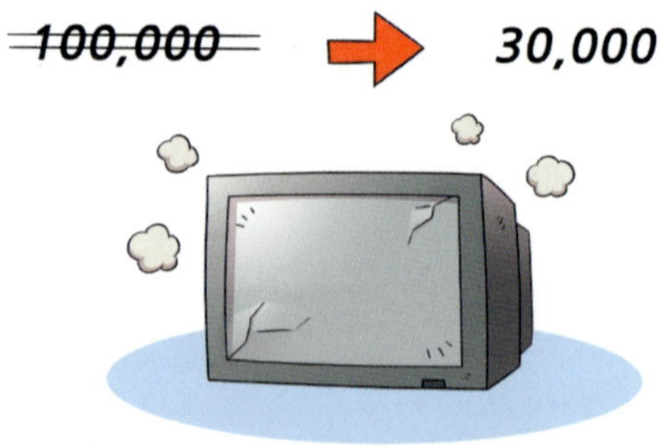

虽然 suīrán 비록 …하지만
认为 rènwéi …라고 생각하다

간자체 쓰기

货 huò	丿 亻 亻 化 化 货 货 货
自 zì	′ 丨 白 白 自 自
骑 qí	㇆ 马 马 马 骑 骑 骑 骑 骑 骑 骑
门 mén	丨 丨 门
常 cháng	丨 丨 丶 丶 常 常 常 常 常 常 常
花 huā	一 十 艹 艹 艹 花 花
又 yòu	㇇ 又
省 shěng	丨 小 小 少 少 省 省 省 省

方	fāng	丶 亠 亠 方
便	biàn	丿 亻 亻 仁 佢 佰 佰 便 便
害	hài	丶 丷 宀 宀 宇 宔 宔 害 害 害
怕	pà	丶 忄 忄 忄 怕 怕 怕 怕
敢	gǎn	一 ㄱ 二 子 子 千 育 耳 耵 敢 敢 敢
辆	liàng	一 𠃋 车 车 车 轩 轲 辆 辆 辆 辆
新	xīn	丶 亠 立 立 立 产 辛 亲 亲 亲 新 新 新
较	jiào	一 𠃋 车 车 车 轩 轩 轩 较 较
宜	yí	丶 丷 宀 宀 宜 宜 宜 宜

园 yuán	丨 冂 冂 冃 冃 园 园
布 bù	一 ナ 𠂇 右 布
栏 lán	一 十 木 木 木' 杧 栏 栏
贴 tiē	丨 冂 贝 贝 贝' 贝⺊ 贝⺊ 贴 贴
着 zhe	丶 丷 䒑 兰 兰 𦍌 差 着 着 着 着
带 dài	一 十 卄 卅 卅 卅 带 带 带
通 tōng	㇇ マ 乃 甬 甬 甬 甬 涌 涌 通
颜 yán	丶 亠 亠 立 立 产 产 彦 彦 彦 彦 彦 颜 颜 颜
色 sè	ノ 𠂊 𠂊 𠃑 𠃑 色

旧 jiù	丨 ‖ 1冂 旧 旧 旧
红 hóng	𠃋 纟 纟 纟 纤 红
棚 péng	一 十 才 木 村 机 枂 枂 棚 棚 棚 棚
后 hòu	一 厂 斤 斤 后 后

第十一课 买东西.

dì shí yī kè mǎi dōngxi.

제11과 물건을 구매하다.

물건 구매

새단어 生词 [shēngcí] 녹음31

- 东西 dōngxi 명 물건. 东 : 동, 西 xī : 서
- 双 shuāng 양 쌍
- 鞋 xié 명 신발. 皮鞋 píxié 가죽 구두
- 件 jiàn 양 건(상의, 사건 따위의 양사)
- 风衣 fēngyī 명 버버리
- 帽子 màozi 명 모자
- 首饰 shǒushì 명 장신구, 액세서리
- 当然 dāngrán 형 부 당연, 당연하다, 당연히
- 跟… gēn 전 …와(=和 hé), 따르다. 따라
- 店 diàn 명 상점, 가게
- 打折 dǎ zhé 할인하다, 세일하다
- 慢慢 mànman(r) 부 천천히. 慢 느리다.
- 别的 biéde 다른 (것)
- 不二价 bú'èrjià 정찰가격, 에누리 없다
- 套 tào 양 세트, 벌(옷, 가구, 식기 따위의 양사)
- 条 tiáo 양 (바지, 생선, 강 등) 긴 물체의 양사
- 大号 dàhào 명 큰 사이즈
- 挑 tiāo 동 고르다
- 试衣室 shìyīshì 명 탈의실
- 试穿 shìchuān 동 입어보다
- 敲 qiāo 동 두드리다
- 马上 mǎshang 부 즉시, 곧(=立刻 lìkè)

고유명사

- 韩国城 hánguóchéng 한국성

제11과 회화(会话[huìhuà]) 녹음32

1

A：我要去买双鞋． 买件风衣．
wǒ yào qù mǎi shuāng xié. mǎi jiàn fēngyī.

B：我也想买双皮鞋，帽子和首饰．
wǒ yě xiǎng mǎi shuāng píxié, màozi hé shǒushì.

A：韩国城怎样？
hánguóchéng zěnyàng?

B：你知道韩国城在哪儿吗？
nǐ zhīdao hánguóchéng zài nǎr ma?

A：知道．
zhīdao.

B：在哪儿？ 离这儿近吗？
zài nǎr? lí zhèr jìn ma?

A：当然． 我说你也不清楚，你就跟着我吧．
dāngrán. wǒ shuō nǐ yě bù qīngchu, nǐ jiù gēn zhe wǒ ba.

2

A：欢迎光临. 来得真好. 店里的衣服都打七折，
huānyíng guānglín, lái de zhēn hǎo. diàn lǐ de yīfú dōu dǎ qī zhé,

请慢慢看. 别的店不二价 .
qǐng mànman(r) kàn, bié de diàn bú èr jià.

B：这条和这套有没有大号？
zhè tiáo hé zhè tào yǒu méi yǒu dàhào?

A：当然有，小姐，你喜欢(≠爱)吗？
dāngrán yǒu, xiǎojiě, nǐ xǐhuān ma?

B：喜欢(≠爱)，我要这套.
xǐhuān, wǒ yào zhè tào.

A：都挑好了．还要不要别的？
dōu tiāo hǎo le. hái yào bu yào biéde?

B：不要(了)．试衣室在哪儿？
búyào (le). shìyīshì zài nǎr?

A：在那儿，那去试穿一下吧．
zài nàr, nà qù shìchuān yíxiàr ba.

(有人敲门)
(yǒu rén qiāo mén)

B：来了！来了！马上就好．
lái le! lái le! mǎshang jiù hǎo.
.....

A：多少钱？
duōshao qián?

B：两百五(十块钱)
liǎng bǎi wǔ (shí kuài qián)

용법과 표현

1 离와 从(cóng)

'离'와 '从(cóng)'은 모두 전치사 '…에서, …로부터'란 뜻으로, '从(cóng)'은 뒤에 장소 또는 시간이 올 수 있으나, '离'는 뒤에 장소만 올 수 있다. '离'는 '…로부터 …하다'의 뜻을 가지므로, 뒤에는 '远(yuǎn 멀다)', 또는 '近(jìn 가깝다)' 등 수식어가 와야 한다.

主馆离宿舍不近. (≠从)
zhǔguǎn lí sùshè bú jìn
본관은 기숙사에서 가깝지 않다.

主馆 zhǔguǎn 본관

从学校出发. (≠离)
cóng xuéxiào chūfā
학교에서 출발한다.

出发 chūfā 출발(하다)

从我家到市区只需要二十分钟. (≠离)
cóng wǒ jiā dào shìqū zhǐ xūyào èr shí fēn zhōng.
우리집에서 시내까지 단지 20분이 소요된다.

市区 shìqū 번화가

从21号到 27号. (≠离)
cóng èr shí yī hào dào èr shí qī hào
21일에서 27일까지.

2

'打折'은 '할인하다'란 뜻으로 '동사(打)+명사(折)'로 이루어진 단어이기 때문에, 뒤에 숫자가 올 경우, 그 숫자는 수량사 위치인 '打'와 '折' 사이에 와야 한다. 또 "80%"란 말은 "百分之八十(bǎi fēn zhī bā shí)"라고 하지만, 세일과 관련된 표현에서는 '백분(퍼센트)'와 '십 단위'의 말은 생략하고 숫자만 쓰며, 그 숫자는 또 할인되는 퍼센트가 아닌 돈을 내야 하는 퍼센트이다.

'打七折'는 '70% 할인'이 아닌 "30% 할인"이란 뜻이다.

3 가정어문

① '만약에', '만일' 등 가정을 나타내는 접속사로는 '如果(rúguǒ)…', '假如(jiǎrú)…', '要是(yàoshì)…', '…的话' 등이 있으며, '…的话'는 원래 '…의 말(말씀)'이란 뜻이다. '…的话'는 또 '如果(rúguǒ), 假如(jiǎrú)', 要是(yàoshì)' 등과 함께 사용할 수도 있다. 예) '如果…的话', '假如…的话', '要是…的话'.
가정어문 뒤에 오는 문장에는 '就' 또는 '那么' 등을 수반하여 앞뒤 문장의 상관어문을 이루며, '就'와 '那么'가 모두 수반해도 상관없다. 그러나 '也'자가 올 경우 '就'는 쓰면 안 된다.

如果下雨的话，那么，我们就不去(了).
rúguǒ xiàyǔ de huà, nàme, wǒmen jiù bú qù le
만일 비가 온다면, 그럼 우린 곧 안 간다.

=下雨的话， 那么，我们就不去(了).
=如果下雨， 那么，我们就不去(了).

你要是去的话，我也去.
nǐ yàoshì qù de huà, wǒ yě qù
네가 만일 간다면, 나도 간다.

=你去的话， 我也去
=你要是去， 我也去

假如我是一只小鸟的话，我就可以飞翔天空.
jiǎrú wǒ shì yì zhī xiǎoniǎo de huà, wǒ jiù kěyǐ fēixiáng tiānkōng
만약에 내가 한 마리 작은 새라면, 나는 하늘을 날 수 있다.

=我是一只小鸟的话，我就可以飞翔天空.
=假如我是一只小鸟，我就可以飞翔天空.

小鸟 xiǎoniǎo 작은 새
飞翔 fēixiáng 비상하다, 날다
天空 tiānkōng 천공, 하늘

我的话，你明白吗？
wǒ de huà, nǐ míngbái ma?
나의 말을 너는 이해하니?

② 가정을 나타내는 접속사가 없는 가정어문

중국어에는 위와 같이 가정을 나타내는 낱말이 있음에도, 가정을 표현하는 단어를 안쓰는 경우가 많다. 즉 가정어 단어가 없어도 가정문이 된다. 뒤에 문맥에 따라 가정어문이 될 수도 있는 것이 중국어의 특징이기도 한다.

下雪，我们就不去(了).
xià xuě, wǒmen jiù bú qù le
눈이 온다면, 우린 안 간다.

你去，我也去.
nǐ qù, wǒ yě qù
네가 가면 나도 간다.

你肚子饿，你就先吃.
nǐ dùzi è nǐ jiù xiān chī
너 배가 고프면 먼저 먹어라.

肚子 dùzi 배(신체)
饿 è 고프다

중국어의 특징 및 번역

"我说你也不清楚"에 있어, 중국어는 복잡한 형태변화가 없는 간단한 언어체계로 이루어지다 보니, 앞뒤 문맥에 따라 번역을 적절하게 해야 한다. 따라서 이 문장을 직역하면 "나는 말한다, 너 역시 뚜렷하지 않다." 또는 "나는 너 역시 뚜렷하지 않다고 말한다."이지만, 이 문장의 정확한 번역은 "내가 말을 해도 너는 모른다."라는 표현이다.

내 실력체크

听(tīng) 녹음33

1) 물건	옷	2) 탈의실	정찰가격
3) 모자	장신구	4) 다른 것	큰 사이즈
5) 두드리다	고르다	6) 천천히	입어보다

说和写(shuō hé xiě)

1) Ⓐ : 你买什么?

Ⓑ : 我买____________

2) Ⓐ : 这家店打几折?

Ⓑ : ________________

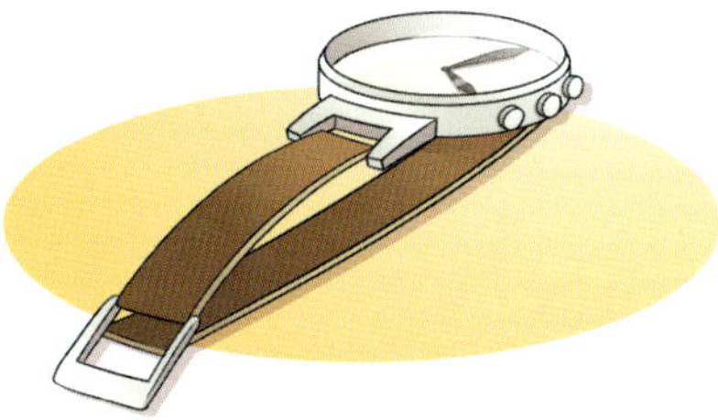

手表 shǒubiǎo 손목시계

간자체 쓰기

东	dōng	一 𠂉 车 东 东
西	xi	一 丆 冂 丙 襾 西
双	shuāng	㇇ 又 㕛 双
鞋	xié	一 十 廾 廿 艹 芇 苷 昔 革 革 靯 鞋 鞋 鞋 鞋
件	jiàn	丿 亻 亻 仁 仁 件
风	fēng	丿 几 风 风
帽	mào	丨 冂 巾 巾 帄 帄 帄 帄 帽 帽 帽 帽
首	shǒu	丶 丷 䒑 䒑 产 首 首 首 首

한자	병음
饰	shì
当	dāng
然	rán
跟	gēn
店	diàn
折	zhé
慢	màn
别	bié
价	jià

条	tiáo	ノ 夕 夂 冬 条 条 条
挑	tiāo	一 亅 扌 扌 扌 扌 挑 挑 挑
试	shì	丶 讠 订 讠 讠 讠 试 试
室	shì	丶 丶 宀 宀 宀 宀 宀 室 室
穿	chuān	丶 丶 宀 穴 穴 穴 空 穿 穿
敲	qiāo	丶 亠 亠 亠 亠 亠 高 高 高 高 高 高 敲 敲
城	chéng	一 十 土 土 圹 圹 城 城 城

第十二课 來晚了，真抱歉.

dì shí ér kè　lái wǎn le,　zhēn bàoqiàn.

제12과　늦어서, 정말 미안합니다.

약속과 시간 엄숙

새단어 生词 [shēngcí] 녹음34

• 晚	wǎn	형	늦다
• 抱歉	bàoqiàn		미안하다(= 对不起 duìbuqǐ)
• 最后	zuìhòu	부	최후, 마지막
• 班	bān	명	반(학년의 반), (차)편(= 班车)
• 就要…	jiùyào …	부	곧 …, 장차
• 剩	shèng	동	남다. 剩下 : 남기다
• 得了	dé le		되다, 됐다(문장 뒤에 사용됨.)
• 表	biǎo	명	손목시계(=手表)
• 坏	huài	형	나쁘다, 고장 나다, 상하다
• 遵守	zūnshǒu	동	준수(하다)
• 刚好	gānghǎo	부	마침. 刚刚 : 방금
• 赶上	gǎnshàng	동	따라 잡다. 赶 : 쫓다, 赶路 : 길을 재촉하다
• 來不及	láibùjí	동	시간이 부족하다(없다)(≠來得及 láidejí 시간이 충분하다
• 完	wán	동	끝나다
• 饭桌	fànzhuō	명	밥상. 书桌 : 책상, 桌子 : 탁자
• 水果	shuǐguǒ	명	과일
• 被	bèi	피동	…에 의하여
• 光	guāng	명 형	빛, 텅텅비다, '동사+光' : '다 …하다'
• 回家	huíjiā		집으로 돌아가다
• 慢走	màn zǒu		천천히 살펴 가세요. 慢 : 느리다, 慢慢 : 천천히

제12과 회화(会话[huìhuà]) 녹음35

1

A：最后一班车马上就要來了.
zuìhòu yì bān chē mǎshang jiùyào lái le.

只剩十来分钟. 人为什么还不来呢?
zhǐ shèng shí lái fēn zhōng. rén wèishénme hái bù lái ne?

B：再等五分，不来，我们先走得了.
zài děng wǔ fēn, bù lái, wǒmen xiān zǒu dé le.

A：来晚了，真抱歉. 我的表坏了.
lái wǎn le, zhēn bàoqiàn. wǒ de biǎo huái le.

B：要遵守时间! 刚好可以赶上.
yào zūnshǒu shíjiān! gānghǎo kěyǐ gǎnshàng

2

A：快！来不及了，要赶路了．
kuài! láibùjí le, yào gǎn lù le.

B：饭快好了．吃完再走，还来得及呢．
fàn kuài hǎo le. chī wán zài zǒu, hái láidejí ne.

A：不行，饭桌上的水果都被女儿吃光了．
bù xíng, fànzhuō shàng de shuǐguǒ dōu bèi nǚ'ér chī guāng le.

我还要去买水果，再回家呢．
wǒ hái yào qù mǎi shuǐguǒ. zài huíjiā ne.

B：那你慢走．
nà nǐ màn zǒu.

어법과 표현

1 就要…了

'就要(jiùyào)…'는 '要…'·'快要(kuàiyào)…'·'快…'와 같이 '곧 …하다'의 뜻을 가지며, 다만 동작의 정도차이가 약간 있다. 동작의 과거형은 아니지만, '가까운 미래에 곧 발생'할 것을 의미하며, 문미에 '了'자를 붙여야 한다. 또 '快要…了'·'快…了' 앞에는 구체적인 시간을 쓸 수 없다.

我后天就要走了. (=要…了)
wǒ hòutiān jiùyào zǒu le
나는 모레 곧 가야 한다.

后天 hòutiān 모레

我后天快要(快)走了. (×)

夏天快要到了. (=快…了, 就要…了, 要…了)
xiàtiān kuàiyào dào le
여름이 곧 다가온다.

夏天 xiàtiān 여름

2 得了

'得了(dé le)'는 '되다, 됐다'란 표현으로 문장 뒤에 올 경우, 앞 문장은 가정어 표현이 된다.

那买两个.
nà mǎi liǎng ge.
그럼 두 개 사자.

那买两个得了.
nà mǎi liǎng ge dé le.
그럼 두 개 사면된다.

得了, 不要吵了.
dé le, bú yào chǎo le
됐어, 말다툼하지 마.

吵 chǎo 다투다.
吵架 chǎojià

3 '동사+上'

'上'자는 '下'자와 아울러 동사로 여러 의미를 지닐 뿐 아니라, 또 동사 뒤에 사용하여 보어역할을 한다. ① 높은 곳으로 향하거나, ② 따라잡거나, ③ 목적의 실현이나, ④ 사물의 이루어짐 등 여러 용도로 사용된다. 부정형은 '동사+不+上'형으로 '不'자를 '上'자 앞에 써서 '上'자에 대한 부정형을 구사한다.

我爬上喜马拉雅山了. – ① 높은 곳으로 향함
wǒ páshàng xǐmǎlāyāshān le.
나는 히말라야 산에 올랐다.

爬 pá 기다

我爬不上喜马拉雅山.
나는 히말라야 산을 오를 수 없다.

喜马拉雅山 xǐmǎlāyāshān 히말라야 산을

我赶上了最后一班车. – ② 따라잡다
wǒ gǎnshàng le zuìhòu yì bān chē.
나는 막차를 따라잡았다.

我赶不上最后一班车.
나는 막차를 따라잡지 못한다.

弟弟考上大学了. — ③ 목적의 실현
dìdi kǎoshàng dàxué le
남동생은 대학에 붙었다.

考 kǎo (시험) 치다
考试 kǎoshì 시험 치다, 고시

弟弟考不上大学.
남동생은 대학에 못 붙는다.

连系上了吗? — ④ 사물의 이루어짐
liánxìshàng le ma
연락이 되었니?

连系 liánxì 연락(하다)

连系不上吗?
연락이 안 되니?

把灯关上.
bǎ dēng guānshàng
불을 끄다.(불을 꺼라)

关不上.
꺼지지 않다. 닫히지 않다.

4 '명사+上'

'上'자를 명사 뒤에 붙여 접미사 역할을 하며, 물체 위, 표면 또는 안에 있음을 나타낸다.

山上开满了花草.
shānshang kāi mǎn le huācǎo.
산에는 꽃과 풀이 가득 피었다.

花草 huācǎo 화초, 꽃과 풀

街上有许多人.
jiēshang yǒu xǔduō rén.
길에는 많은 사람들이 있다.

许多 xǔduō 많은, 허다

书上有知识.（=里）
shūshang yǒu zhīzhì (lǐ)
책에는 지식이 있다.

知识 zhīzhì 지식

不能在课堂上睡觉.
bù néng zài kètáng shàng shuìjiào.
수업 장소에서 잠을 잘 수 없다.

睡觉 shuìjiào 잠을 자다

5 '被'자문

동사 뒤에 있는 목적어가 주어 앞에 올 경우, 이 주체에 의해 동작이 이루어지므로 주어 앞에 피동을 나타내는 전치사 '被'자를 붙여야 한다. 또한 모 주체가 구체적으로 명시된 대상이 아닐 경우, 동사 앞에 '被'를 붙이면 된다. '被'자문은 목적어를 강조한 표현이며, 이러한 문장은 '被'자를 없애고 목적어를 동사 뒤에 위치하면 일반 문형이 된다.

冰棍早就被(弟弟)吃光了. – 冰棍 하드를 강조
bīnggùn(r) zǎojiù bèi (dìdi) chī guāng le.
하드는 벌써 (남동생이) 다 먹었다.

冰棍 bīnggùn(r) 하드

=(弟弟)早就吃光了冰棍.
(남동생은) 하드를 벌써 다 먹었다.

这个玻璃杯被(我)打碎了. – 玻璃杯 유리컵을 강조
zhè ge bōlǐbēi bèi (wǒ) dǎsuì le.
이 유리컵은 (내가) 깨뜨렸다./ 깨졌다.

=我打碎了这个玻璃杯.
나는 이 유리컵을 깨뜨렸다.

打碎 dǎsuì 깨뜨리다, 깨지다
玻璃 bōlǐ 유리
杯 bēi 컵, 잔(=杯子 bēizi)

문장분석

饭桌上的水果都被女儿吃光了.

饭桌上的水果: 목적어 / 都: 부사 / 女儿: 주어 / 吃光: 동사

= 女儿吃光了饭桌上的水果.

女儿: 주어 / 吃光了: 동사 / 饭桌上的水果: 목적어

메모

어휘의 사용

1 '坏'자는 사람에게 사용하면 '나쁘다', 물건에 사용하면 '고장 나다', 음식에 사용하면 '상하다' 등의 뜻을 갖는다.

① 나쁘다(사람)

他心眼很坏，决不是个好人.
tā xīnyǎn(r) hěn huài, jué bú shì ge hǎorén.
그의 마음은 아주 나쁘다, 결코 좋은 사람이 아니다.

> 心眼 xīnyǎn(r) 마음
> 决 jué 결코

② 고장 나다(물건)

挂钟坏了还是停了?
guàzhōng huài le háishì tíng le?
벽시계는 고장 났니 아님 멈췄니?

> 挂钟 guàzhōng 벽시계
> 停 tíng 멈추다

③ 상하다(음식)

停电了, (电)冰箱里的鸡啊, 肉啊, 鱼啊, 鸡蛋, 蔬菜都坏了.
tíng diàn le, (diàn)bīngxiāng lǐ de jī a, ròu a, yú a, jīdàn, shūcài dōu huài le.

> 停电 tíng diàn 정전(하다)
> (电)冰箱 (diàn)bīngxiāng 냉장고
> 鸡 jī 닭
> 肉 ròu 고기
> 鱼 yú 생선
> 鸡蛋 jīdàn 계란
> 蔬菜 shūcài 채소

인사말 표현다지기

1 '고마움'의 인사표현

A : 谢谢!
xièxie!

B : 不客气(=不用客气, 不谢, 没事, 没什么, 哪里)
búkèqi (búyòng kèqi, búxiè, méishì(r), méishénme, nălǐ)

** '谢谢', '感谢 gănxiè (감사합니다)와 '对不起'은 타동사로도 사용된다.

快谢谢阿姨!
kuài xièxie ā yí!
빨리 이모에게 고맙다고 해!

真感谢你帮我忙.
zhēn gănxiè nǐ bāng wǒ máng
당신에게 저를 도와준 것에 대하여 정말 감사드립니다.

真对不起你!
zhēn duìbuqǐ ni!
너에게 정말 미안해!

2 '미안함'의 인사표현

A : 对不起(=抱歉)
duìbuqǐ(=bàoqiàn)

关系 guānxi 관계
要紧 yàojǐn 요긴(하다)

B：不客气(=不用客气，没事，没什么，哪里，没关系，不要紧)
búkèqi (búyòng kèqi, méishì(r), méishénme, nǎlǐ, méiguānxi, búyàojǐn)

3 '가르침', '부탁', '칭찬' 등 인사표현

指教 zhǐjiào 가르침, 가르치다

A：请你多多指教.
qǐng nǐ duōduō zhǐjiào.
많이 가르쳐 주세요. (많은 가르침을 주세요)

这孩子傻傻的，像傻瓜一样，拜托(你)了!
zhè háizi shǎshǎde, xiàng shǎguā yíyàng, bàituō (nǐ) le!
이 아이는 매우 어리석어, 바보 같다. (너에게) 부탁해!

孩子 háizi 아이
傻 shǎ 어리석다
拜托 bàituō 부탁(하다)

托福很好!
tuōfú hěn hǎo!
덕분에 안녕합니다.

托福 tuōfú 덕분에

都是托了你的福.
dōu shì tuō le nǐ de fú.
모두 당신의 덕분입니다.

B：不敢当! 不敢当!
bùgǎndāng! bùgǎndāng!
별말씀을요.

A：阿兵哥，你好帅啊!
ā bīnggē, nǐ hǎoshuài a!
군인 아저씨, 당신 아주 멋집니다.

帅 shuài 멋지다

B : 过奖! 过奖!

guòjiǎng! guòjiǎng!

과찬입니다.

空中小姐, 妳也好苗条啊!

kōngzhōng xiǎojiě, nǐ yě hǎo miáotiáo a!

스튜어디스님, 당신도 매우 날씬합니다.

空中小姐 kōngzhōng xiǎojiě 스튜어디스
苗条 miáotiáo 날씬하다

4 헤어질 때 인사표현

A : 我走了.

wǒ zǒu le.

저 갑니다.

B : 你走吧. (=慢走)

nǐ zǒu ba. (mànzǒu)

가세요.(천천히 살펴 가세요)

A : 你回去吧. (=请回)

nǐ huíqù ba. (=qǐnghuí)

들어 가세요.

내 실력체크

听(tīng) 녹음36

1) 준수하다　　최후　　2) 미안하다　　밥상

3) 과일　　딸　　4) 마침　　따라잡다

5) 왜　　시간이 부족하다　　6) 천천히 살펴가세요　　들어가세요

说和写(shuō hé xiě)

1) Ⓐ：如果你是小鸟，你会怎样？

Ⓑ：________________

2) Ⓐ：不守约，你会怎样？

Ⓑ：________________

鸟 niǎo 새
飞翔 fēixiáng 비상하다, 날다
天空 tiānkōng 하늘, 천공

生气(=火) shēngqì(huǒ) 화나다

간자체 쓰기

晚	wǎn	丨 冂 日 日 旷 旷 旷 晗 晗 晗 晚 晚
抱	bào	一 扌 扌 扌 扚 扚 拘 抱
歉	qiàn	丶 丷 丷 ⺌ 兰 兰 兼 兼 兼 兼 兼 歉 歉 歉
最	hòu	丨 冂 日 日 旦 早 早 早 早 量 最 最
后	hòu	一 厂 斤 斤 后 后
剩	shèng	一 二 千 千 千 千 乖 乖 乘 乘 剩 剩
表	biǎo	一 二 ⺷ 丰 丰 声 表 表
坏	huài	一 十 土 圹 圹 坏 坏

한자	병음	필순
遵	zūn	丶 丷 䒑 产 产 产 酋 酋 酋 酋 尊 尊 尊 遵 遵
守	shǒu	丶 丶 宀 宀 守 守
刚	gāng	丨 冂 冂 冈 刚 刚
赶	gǎn	一 十 土 丰 丰 走 走 走 走 赶
及	jí	丿 乃 及
完	wán	丶 丶 宀 宀 宀 宇 完
饭	fàn	丿 𠂊 饣 饣 饭 饭 饭
桌	zhuō	丨 ⺊ ⺊ 占 卢 卣 卣 卓 卓 桌
水	shuǐ	亅 刁 水 水

한자	필순
果 guǒ	丨 冂 日 日 旦 甲 果 果
被 bèi	丶 ㇇ 礻 礻 衤 衤 衤 衪 衪 被
光 guāng	丨 丷 丷 业 光 光
回 huí	丨 冂 冂 回 回 回
家 jiā	丶 丶 宀 宀 宁 宇 家 家 家 家
慢 màn	丶 忄 忄 忄 忄 忄 忄 忄 惕 惕 惕 慢 慢 慢
走 zǒu	一 十 土 丰 丰 走 走

번역

제1과 번역(翻译 fānyì)

1. 너의 집에는 몇 식구가 있니?
   우리 집에는 8식구가 있어.
   모두 누가 있니?
   모두 아버지, 어머니, 언니 한명, 오빠 한명, 여동생 한 명, 남동생 두 명과 내가 있어, 나는 셋째야.

2. 너는 할아버지, 할머니와 함께 사니?
   아니, 그들 두 분은 시골에 살아.
   너는 형제자매가 몇 명 있니?
   없어, 나는 외아들이야.
   너는 형제자매가 없구나!
   그래.

제2과 번역(翻译 fānyì)

1. 당신 둘은 어디에서 온 것입니까? 유학생입니까?
   예. 우리 둘은 중국에서 온 것입니다.
   정말 공교롭네요, 나는 중문과에 다닙니다.
   그래요? 우리는 한국어과에 다닙니다.
   서로 폰번호를 남겨 다음에 다시 연락합시다.
   좋아요.

2. 나는 중국어를 아주 잘 배우고 싶어, 사오진, 너는 어때?
   나도 그래.
   우리는 서로 배울 수 있어.
   정말 좋은 생각이야. 일주일에 두세 번 만나는 게 어때?
   매우 좋아, 한마디로 결정하는 거야.

짧은 글 독해

우리반에는 학생이 30명이 있다. 그 중에 5명은 영어를 매우 잘하며, 나는 매우 부럽다. 우리반에는 또 외국학생이 2명 있다. 사실 그들은 수업을 따라가지 못해 아주 고생한다. 나는 그들에게 "어머니, 저 학교 다녀왔습니다." 한마디 가르쳤다.

제3과 번역(翻译 fānyì)

1. 너는 무엇에 대하여 흥미를 느끼니?
   낚시야. 때때로 탁구를 쳐. 너는 어때?
   나는 평상시에는 기공을 단련하는 것을 좋아해. 혹은 등산하러 가.
   너는 태산에 가 본적이 있니?
   아직 가 본적이 없어.
   왜 아직 안 갔니? 나는 태산에 매우 오르고 싶어.
   날을 잡아 함께 가자.

2. 주말에 무엇을 하니?
   산보 좀 하고, 책 좀 보고, TV 좀 보고, 또 방을 청소하고, 옷을 좀 빨아. 너는 뭐하니?
   나는 아르바이트 해.
   정말 고생하구나.
   괜찮아.

제4과 번역(翻译 fānyì)

1. 당신 부인은 많이 좋아졌습니까?
   아니요, 더욱 심해져 의사를 보러 가야 하는데, 제가 그녀와 동반해서 가요?

(병원에서 행인에게 길을 묻다)
여쭈겠습니다. 어디에서 접수하죠?
접수처는 저쪽에 있어요.
고맙습니다.
(의사에게 진찰을 받다)
당신은 어디가 불편하세요?
저는 감기가 들고, 머리가 아파요.

2. 너 왜 그래? 아직 안 일어나고.
저의 몸이 안 좋아요. 소화불량이에요.
병원에 가야 하니?
아니요. 약 먹고, 좀 누어 있으면 곧 좋아질 거예요.
이것은 끓인 맹물이야, 빨리 약 먹어.
번거롭게 하죠?
뭐가 번거로워. 그럼 잘 쉬어라.

제5과 번역(翻译 fānyì)

1. 너는 뭐하는데 바쁘니?
나는 식구들에게 편지를 써. 집에는 컴퓨터가 없기 때문에, 그래서, 손으로 쓸 수밖에 없어. 너는 뭐하는 중이니?
나는 문자를 보내고 있는 중이야.
누구에게 보내니?
룸메이트와 같은 반 친구에게.

2. 나는 PC방에 가서 메일을 보내는데, 너 가니 안 가니?
안 가. 나는 우체국에 가서 편지를 부쳐야 해.
그럼 가는 김에 나를 도와 우표 몇 장 사죠.
좋아, 돈은 내 것으로 먼저 쓸게.

3. (우체국에서)
보통우표 한 장에 얼마입니까?
한장에 90전입니다.
11장 주세요. 이것은 국외로 부칩니다. 합계 얼마입니까?
우표는 19원 90전이고, 국외 등기우편은 50원 10전입니다. 합계 70원입니다.

제6과 번역(翻译 fānyì)

1. 아가씨, 저는 환전하고 싶어요.
무슨 돈을 바꿉니까?
달러를 인민폐로 바꿉니다.
얼마를 바꿉니까?
250달러에요. 돈 여기 있어요. 저는 또 계좌 개설을 해야 해요.
2,000인민폐 여기 있습니다. 보통예금 아니면 정기예금입니까?
보통예금이에요.

2. 여기 안에 은행이 있니?
있어, 5층에 중국은행이 있는데, 너 뭐 하고 싶니?
계좌를 개설해서 돈을 안에 저축하고 싶어.
계좌 개설하는데 여권이 필요해. 아! 맞아! 나는 돈을 인출해야 해.
너는 오늘 환율이 얼마인지를 아니?
몰라. 내가 인터넷에 들어가서 좀 검색해 볼게. 달러를 인민폐로 바꾸는데, 1대 7.5야.

제7과 번역(翻译 fānyì)

1. 아저씨, 여쭙겠는데요, 매점은 어디에 있습니까?

앞에 그 건물 1층에 있어.
그럼 도서관은 어디에 있나요?
옆에 그 건물이 바로 도서관이야.

2. 수고하십니다. 왕푸징에 가는데 몇 번 버스를 타죠?
312번 버스를 타면 곧 갈 수 있어요.
버스 정거장은 어디에 있나요?
이 작은 차도를 건너면, 곧 볼 수 있어요.(보여요)
고마워요.
별말씀을.

3. 좀 여쭈겠습니다. 시청은 어떻게 갑니까?
잘못 왔네요. 행단보도를 선너 유턴하세요. 차를 유턴하고 다시 사람들에게 물어 보시죠.

4. 기사아저씨, 번거롭지만 텐탄에 가는데 어디서 차를 내리죠?
주쓰커우 다음 정거장이 바로 텐탄이에요.
여기에서 멉니까?
아주 가까워요. 바로 곧 도착해요.

제8과 번역(翻译 fānyì)

1. 당신의 전화번호는 몇 번입니까?
집 전화번호는 051-643-2127이고, 폰은 016-596-0318입니다. 당신은요?
1392058784입니다.
집은요?
집에는 전화가 없어요. 무슨 일 있으면, 바로 폰으로 전화하세요.

2. 여보세요! 미스유 댁입니까?
아니, 잘못 걸었어.

미안합니다.
괜찮아.

3. 여보세요! 당신 그곳은 943-7021입니까?
맞습니다. 어느 분을 찾습니까?
저는 산마오를 찾는데, 그녀는 댁에 계십니까?
제가 바로 산마오입니다.
4. 여보세요! 저는 사오잉을 찾는데, 그녀는 있습니까?
그녀는 없어요. 나갔어요.
어디에 갔나요?
내 생각에는 아마도 잔업 혹은 당직서로 갔을 거예요. 무슨 일 있어요?
아마도 그럴 거예요. 번거롭겠지만, 그녀에게 류철이 전화 왔었다고 전해주세요.
좋아요, 내가 그녀에게 말을 남길게요.
고마워요!

5. 여보세요! 교환대입니까? 601번 내선으로 돌려주세요.
좋습니다. 끊지 말고 잠시 기다리세요. 제가 이어드릴게요.
고맙습니다.
전화가 통화중이에요. 잠시 후에 다시 걸어 주시는 것이 좋겠습니까?
좋습니다.

제9과 번역(翻译 fānyì)

1. 너는 한국에서 생활하는데 적응 되니?
매우 좋아. 먹는 것, 사는 것 모두 적응 돼. 다만 전통적인 중국음식을 좀 먹고 싶어.
내가 한 집 아는데, 단지 좀 비싸.
약간 비싼 것은 문제 없어, 단지 맛있으면 돼.
네가 한 턱 내니?
그래, 자, 내가 한 턱 내고, 네가 돈을 지불해.

2. (중국음식점에서)
어서 오세요. 당신들 뭐를 드릴가요?
오늘 내가 한 턱 낼 테니, 마음대로 주문해, 먹고 싶은 것 주문해.
겨울이 되어서 날씨가 좀 추우니 샤브샤브를 먹는 것이 좋겠어.
너 마음대로 해. 무엇 좀 마실래? 맥주 아니면 음료?
맥주 두 병 주세요. 듣자니 너 부인의 솜씨가 괜찮다고 하는데, 그녀의 솜씨 있는 요리가 무엇이니?
모든지 다야. 탕수어, 누룽지탕과 같은 것…
요리가 왔어, 따뜻할 때 먹자, 겸손해 하지 말고, 많이 들어.
고마워! 요리가 맛있게 만들어졌네, 먹기에 매우 향기로워.
배불리 먹었으니, 가야겠어.
더 좀 마시자.
너 정말 대단해.

3. 너는 한국음식 먹는 것을 좋아하니?
좋아해.
된장찌개는 입에 맞니?
미안해, 입에 안 맞아.
좀 더 있으면 입에 맞을 거야. 또한 기왕에 한국에서 유학을 하니 한국음식을 많이 맛을 봐야 해.

제10과 번역(翻译 fānyì)

1. 너는 자전거가 있니?
없어, 나는 탈 줄을 몰라. 그래서 나갈 때 종종 택시를 타.
택시 타면 얼마나 돈을 쓰니, 자전거를 타면 돈을 절약하기도 하고 편리하기도 해.
나는 무서워, 감히 못 타.
무서워하지 마, 내가 너를 가르칠게.
정말, 그럼 너무 좋지!

2. 나는 자전거를 사러 가고 싶어.
   새 것을 사니 아니면 중고를 사니?
   중고품을 사고 싶어. 중고품은 비교적 저렴해.
   캠퍼스 게시판에 차를 파는 공지가 붙여져 있어, 내가 너를 데리고 가서 보자.
3. (차 파는 사람과 통화를 한다)
   여보세요! 당신 차를 파려고 합니까?
   맞습니다.
   당신의 차는 무슨 색깔이며, 얼마나 오랫 동안 사용했습니까?
   2년이 안 되고, 아직 매우 새 것입니다. 조금도 낡지 않았으며, 빨간색이에요.
   볼 수 있나요?
   당연히 되죠. 차는 기숙사 주차장 안에 있어요.
   나는 지금 내려가요, 10분 후에 봐요.

제 11 과 번역(翻译 fānyì)

1. 나는 신발 한 켤레 사고, 버버리 하나를 사러 가려고 해.
   나도 가죽구두 한 켤레와 모자, 장신구를 사고 싶어.
   한국성은 어떠하니?
   너는 한국성이 어디에 있는지를 아니?
   알아.
   어디에 있는데 여기에서 가깝니?
   당연하지. 내가 말해도 너는 몰라. 너는 곧 나를 따라 오면 돼.

2. 환영합니다. 잘 왔어요. 가게 안의 옷들은 모두 30% 세일입니다. 천천히 보세요. 다른 가게에서는 할인하지 않아요.
   이것과 이 한 벌은 큰 사이즈가 있어요 없어요?
   당연히 있죠. 아가씨, 마음에 드세요?
   들어요. 이 한 벌 주세요.
   다 골랐어요? 또 다른 것 드릴가요?

아니요, 탈의실은 있나요?
저곳에 있어요. 그럼 가서 좀 입어 보시죠.
(문을 두드리는 사람이 있다)
다 됐어요! 곧 됩니다.
얼마입니까?
250원입니다.

제12과 번역(翻译 fānyì)

1. 마지막 한 대가 곧 올 거다. 단지 10여 분만 남았는데, 사람이 왜 아직 안 오지?
   5분 더 기다렸다 안 오면 우리 먼저 가자.
   늦어서 정말 미안해. 내 시계가 고장 났어.
   시간을 준수해야지! 마침 따라잡을 수 있겠네.

2. 빨리! 시간 없어, 길을 재촉해야 해.
   밥이 다 되가는데, 먹고 나서 가도 아직 시간이 돼.
   안 돼, 식탁에 있는 과일은 딸이 모두 다 먹었어. 나는 또 가서 과일을 산 후 집으로 돌아가야 해.
   그럼 천천히 살펴 가.

답안

제 1 과

- 1) 老二　2) 奶奶　3) 乡下　4) 独生女
- 대화　1) 我家有四口人　2) 爸爸, 妈妈和我.

제 2 과

- 1) 中文　2) 电话　3) 连系　4) 主意　5) 留学生　6) 星期四
- 대화 … 1) 我是从英国来的　2) 我读英文系

제 3 과

- 1) 登山　2) 大山　3) 周末　4) 散步　5) 电视　6) 衣服
- 대화 … 1) 我听收音机, 还看书　2) 我的嗜好是画画

제 4 과

- 1) 平安　2) 医生　3) 头痛　4) 身体　5) 爱人　6) 药
- 대화 … 1) 我胃痛, 是神经性胃炎.　2) 不要长期服药.

제 5 과

- 1) 邮局　2) 电脑　3) 同班　4) 邮票　5) 短信　6) 九元
- 대화 … 1) 我在上网　2) 来了, 送了两个大包裹.

제 6 과

- 1) 换钱　2) 银行　3) 美元　4) 护照　5) 知道　6) 上学
- 대화 … 1) 我在因特网上购物, 查资料, 看习近平奥巴马庄园漫步.
  2) 苹果牌等智能手机更方便.

제 7 과

- 1) 请问　2) 前面　3) 马上　4) 市政府　5) 倒车　6) 远
- 대화 … 1) 我坐11路车来学校.　2) 现代汽车代理店在哪儿?

제 8 과

- 1) 值班　2) 留话　3) 总机　4) 占线　5) 对不起　6) 或是
- 대화 … 1) 010-7690-2345　2) 不对, 你打错了.

제 9 과

- 1) 请客　2) 饮食　3) 糖醋鱼　4) 饮料　5) 手艺　6) 冬天
- 대화 … 1) 我喜欢吃米饭.　2) 我做得不好吃.

제 10과

- 1) 自行车　2) 打的　3) 便宜　4) 校服　5) 方便　6) 黑色
- 대화 … 1) 我坐大巴上学.　2) 我认为二手货虽然便宜, 但很旧.

제 11과

- 1) 东西　2) 不二价　3) 帽子　4) 大号　5) 挑　6) 慢慢
- 대화 … 1) 手表　2) 打2.5折

제 12과

- 1) 遵守　2) 抱歉　3) 女儿　4) 赶上　5) 来不及　6) 慢走
- 대화 … 1) 我会像鸟一样飞翔天空.　2) 我会生气

용법 총론

주요 용법 총론

1 '在'자 용법

중국어에서 장소 앞에는 반드시 '在'자를 붙이며, '在+장소'는 ① "주어+在+장소"문에서의 '在'는 동사로 '…에 있다'의 뜻을 가지며, ② 장소 뒤에 동사문이 또 올 경우, '在'는 전치사로 '…에서'의 뜻을 가지며, 이 때 '在+장소'는 장소부사가 된다. 이밖에 ③ 동사 앞에 위치하여 부사로 사용될 경우, '…하고 있는 중이다'는 뜻으로 진행을 나타낸다.

① '在 + 장소' : 동사와 전치사적 용법

주 어 + 장소 부사 + 동 사 + 목적어

妈妈		在	家.	– 동사
māma		zài	jiā	

어머니는 집/에 계신다.
1 3 2

爸爸	在家	看	报(纸).	– 전치사
bàba	zài jiā	kàn	bào(zhǐ)	

아버지는 집에서 신문을 본다.
1 3 2 5 4

② '在 + 동사': 부사적 용법

주 어 + 부 사 + 동 사 + 목적어

我 在 上 课. – 부사
wǒ zài shàng kè
나는 수업을 하고 있는 중이다.

我 在 开 会.
wǒ zài kāi huì
나는 회의를 하고 있는 중이다.

2 구조조사 '的'자 용법

단어 的 + 명사

명사를 앞에서 수식하는 수식어를 형용사 수식어, 또는 한정어라고 하는데, 중국어에서의 형용사수식어는 '단어' 뒤에 '的'자만 붙이면 된다.

我的书包.
wǒ de shūbaō (나의 책가방)

勇敢的人
yǒnggǎn de rén (용감한 사람)

美丽的女人.
měilì de nǚrén (아름다운 여인)

他买的书.
tā mǎi de shū (그가 구매한 책 / 그가 산 책)

가족과 학교 등 자신과 밀접한 관계가 있는 대상일 경우, '的'자는 생략해도 되고, 안 해도 되나, 생략하는 것이 매끄럽다. 일반 사물일 경우, 반드시 '的'자를 써야 한다.

我（的）妹妹.
wǒ(de) mèimei (나의 여동생)

我（的）学 校.
wǒ(de) xuéxiào (나의 학교)

我的汉语书.
我汉语书.（×）

3 '是…的'문

"是…的"문은 ① '강조'의 표현으로 "…한 것이다"란 뜻이며, ② 的' 뒤 명사의 생략으로 명사화 되어 '것' 또는 '생략된 명사'의 의미를 나타낸다. 강조를 나타낼 때 '是'와 '的'을 없애도 문장은 이루어지나 강조의 어기가 아닌 평술어의 표현이 되며, 상황에 따라 문미에 '了'자를 붙여야 한다.

① '是…的'의 강조용법

姑姑是早上来的. – 강 조
gūgu shì zǎoshang lái de
고모께서는 아침에 온 것이다.

姑姑 gūgu 고모
早上 zǎoshang 아침

姑姑早上来了. – 평술어
gūgu zǎoshang lái le
고모는 아침에 왔다.

② '(是)…的'의 명사생략 용법

这是我的. – 명사의 생략
zhè shì wǒ de
이는 내 것이다.

这是谁的汽车? 那是我爱人的. – 명사의 생략
zhè shì shéi de qìchē? nà shì wǒ àirén de
이것은 누구의 자동차입니까? 그 것은 내 부인 것입니다.
* '的' 뒤에 자동차가 생략됨.

这是我的汉语课本. 那是他的. – 명사의 생략
zhè shì wǒ de hànyǔ kèběn. nà shì tā de
이것은 나의 중국어 교과서고, 저것은 그의 것이다.

我的	你的	他的	卖花的	送报的
wǒ de	nǐ de	tā de	màihuā de	sòngbàode
내 것	너의 것	그의 것	꽃 파는 사람	신문 배달원

开车的	送信的	种地的
kāichēde	sòngxìnde	zhòngdìde
운전기사 (= 司机)	우편 배달원 (= 邮差)	농부 (= 农夫)

4 '想'과 '要'의 용법

동사 '想'과 '要' 두 단어는 또 능동사로 사용된다.

① '想'의 동사와 능동사적 용법

동사 : 그리워하다, 생각하다, 생각건대

주어 + 부사 + 능동사 + 동사 + 목적어

我			想	家.
wǒ			xiǎng	jiā

나는 집이 그립다.

你	好好	想	吧.
nǐ	hǎohāo	xiǎng	ba

너 잘 생각해.

我	不想	家.
wǒ	bù xiǎng	jiā

나는 집이 그립지 않다.

능동사 : '想(능동사) + 동사' …하고 싶다

我	想	喝	可乐.
wǒ	xiǎng	hē	kělè

나는 콜라가 마시/고 싶다.
1 4 3 2

> 可乐 kělè 콜라

不想	吃	饭
bù xiǎng	chī	fàn

밥 먹고 싶지 않다.

② '要'의 동사와 능동사적 용법

동사 : 원하다, …를 주세요.

주어 + 능동사 + 동사 + 목적어

你	要	吗?
nǐ	yào	ma?

당신 원합니까? (드릴까요?)

你 要 什么?
nǐ yào shénmme?
당신 무엇을 원합니까? (드릴까요?)

我 要 (咖啡).
wǒ yào (kāfēi).
저는 (커피를) 원합니다, [(커피를) 주세요.]

我 不要 (咖啡).
wǒ bú yào (kāfēi).
나는 (커피를) 원하지 않아요.

능동사 : '要(능동사) + 동사'

… 하려고 하다 = 想(xiǎng 능동사) + 동사

…해야 하다 = 应当 yīngdāng 응당 = (应)该(yīng)gaī = 得 děi

주 어 + 능동사 + 동 사 + 목적어

他 要(=想) 喝 果汁.
tā yào(xiǎng) hē guǒzhī
그는 주스를 마시려고 한다.

学生 要(=该) 努力用功.
xuéshēng yào(gaī) nǔlì yònggōng
학생은 열심히 공부해야 한다.

부정형 : '要'가 능동사로 쓰일 경우, 부정형은 인칭대명사에 따라 다르지만, 대체로 '不想(bùxiǎng)'을 쓴다. 왜냐하면, '不要'는 또 '…하지 마라'의 뜻으로 '别(bié)'와 같이 사용되기 때문이다.

你 不要 去. (너 가지 마라.) = 你 别 去
nǐ bú yào qù　　　　nǐ bié qù

别 bié …하지 마라

5 '상태" 또는 '동작의 지속'을 나타내는 '着'

① '着'자는 동사 뒤에 놓여 '동사+着'형으로 이루어지며, 상태 또는 동작의 지속을 나타낸다.

他穿鞋. – 동작
tā chuān xié
그는 신발을 신는다.

他穿着鞋. – 동작의 지속
tā chuān zhe xié
그는 신발을 신고 있다.

那个小孩儿穿雨衣. – 동작
nà ge xiaoháir chuān yǔyī
그 아이는 우의를 입는다.

那个小孩儿穿着雨衣. – 동작의 지속
nà ge xiǎohái r chuān zhe yǔyī
그 아이는 우의를 입고 있다.

学生穿冬服了. – 동작
xuésheng chuān dōngfú le
학생은 동복을 입었다.

学生穿着冬服. – 동작의 지속

xuésheng chuan zhe dongfú
학생은 동복을 입고 있다.

房间开着灯. — 상태
fángjiān kāi zhe dēng
방에 불이 켜져 있다.

墙上挂着世界地图. — 상태
qiáng shàng guà zhe shìjiè dìtú
벽에는 세계지도가 걸려 있다.

② '…하면서 …하다'의 뜻으로 두 동작이 동시 지속(진행)될 경우, 앞 동사 뒤에는 '着'자를 붙이는데, 이 때 '한편으로…하고, 한편으로 …하다'의 뜻인 '一边(yìbian)…一边…' 또는 '一面(yímiàn)…一面…'으로 대체할 수 있다. '一边'과 '一面' 뒤에는 동사를 넣는다.

주어	+	동사	+	着	+	목적어	+	동사	+	목적어
妹妹		听		着		音乐		写		报告.
mèimei		tīng		zhe		yīnyuè		xiě		bàogào

=妹妹一边听音乐, 一边写报告.
mèimei yìbian tīng yīnyuè yìbian xiě bàogào

주어	+	동사	+	목적어
我		喜欢		在街上走着吃东西.
wǒ		xǐhuān		zài jiē shàng zǒu zhe chī dōngxi

나는 거리에서 걸으면서 음식 먹기를 좋아한다.

= 我	喜欢	在街上(一)边走(一)边吃东西.
wǒ	xǐhuān	zài jiē shàng (yì)biān zǒu (yì)biān chī dōngxi

6 '得'의 '동사+得+형용사(형용사구)'형 용법

'得'자는 동작을 나타내는 동사와 동사 뒤에서 그 동작의 정도를 수식해 주는 형용사, 즉 동사의 정도보어를 이어 주는 역할을 하며, '정도보어 결구조사'라고 한다. 동작의 정도를 나타내는 말은 중국어에서는 '동사+得+형용사'문으로 써야 한다. 한국어로 번역하면 마치 '부사+동사'형으로 여길 수 있으나, '동사+得+형용사'형은 형용사구로 사용되며, '상황' 또는 '동작의 정도'를 나타내며, 대체로 뒤에서 앞으로 번역한다. '부사+동사'형은 '동사구'로 사용되어 문구의 '동작'을 나타낸다.

주 어 + 부 사 + 형용사구 (동사 + 得 + (부사) + 형용사) – 동작의 정도

那个小男孩儿　　跑　得　（很）　快.
nà ge xiǎonánháir　　pǎo　de　(hěn)　kuài
그 남자아이는 (매우) 빨리 달린다.

这篇文章　　写　得　（真）　好.
zhè piān wénzhāng　　xiě　de　(zhēn)　hǎo
이 글은 정말 잘 썼다.

他　天天都　起　得　晚.
tā　tiāntiān dōu　qǐ　de　wǎn
그는 매일 모두 늦게 일어난다.

부 사 + 동 사 – 동 작

快　跑.　빨리 뛰다.
晚　起.　늦게 일어나다.

부정형 : 동작의 정도를 부정하는 것이므로, 동작의 정도를 수식하는 형용사를 부정형식으로 해야 한다. 만일 동사를 부정형으로 만들면, 동작 자체가 이루어지지 않으므로, 문장 역시 이루어질 수 없다.

주 어 + 부 사 + 형용사구 (동사 + 得 + 不 + 형용사)

那个小男孩儿		跑 得 不 快.
nà ge xiǎonánháir		pǎo de bú kuài

그 남자아이는 뛰는 게 빠르지 않다.

这篇文章		写 得 不 好.
zhè piān wénzhāng		xiě de bù hǎo

이 글은 못 썼다.

他	天天都	起 得 不 早.
tā	tiāntiān dōu	qǐ de bù zǎo

그는 매일 모두 일찍 일어나지 않는다.

7 '得'의 '동사+得+동사(동사구)'형 용법

'得'자는 정도보어결구조사로 '동사+得+(부사)+형용사'형의 '형용사구'를 구사하는 것 이외 또 '동사+得+동사'형의 '동사구'를 구사하는데, 단어로 익히기도 한다. 부정형은 '동사+得+不+형용사'와 달리 '得'대신 '不'를 써서 '동사+不+동사'형을 이룬다.

주 어 + 부 사 + 동사구 (동사 + 得 + 동사) + 목적어

我		吃得惯	韩国泡菜.
wǒ		chī de guàn	hánguó pàocaì

나는 한국김치 (먹는 것)에 익숙하다.

泡菜 pàocaì 김치

吃得惯	chī de guàn	먹는 것에 익숙하다
吃得了	chī de liǎo	다 먹을 수 있다.
用得了	yòng de liǎo	다 사용할 수 있다.
买得起	mǎi de qǐ	구입할 수 있다. 구입한 능력이 되다.

부정형 : 동사+不+동사

吃 不 惯.
吃 不 了.
用 不 了.
买 不 起.

8 '还是' 용법

'还是'는 긍정문과 의문문에 모두 사용 가능하며, ① 의문문일 경우, '둘 중 택일'을 묻는 표현으로 '아니면(…이냐)?'의 뜻을 가진다. ② 긍정문으로는 '여전히'·'…하는 편이 좋다' 등 뜻으로 사용되는데, '…하는 편이 좋다'의 뜻을 가질 경우, 뒤에 '좋다'의 뜻인 '好'자를 붙이면 그 의미를 더욱 명확하게 나타낼 수 있다.

① 의문문: 2중 택일

A 还是 B ?
A háishì B?
A냐 아님 B냐?

茶还是咖啡 ?
chá háishì kāfēi?
차냐 아니면 커피냐?

妈妈好还是爸爸好？
māma hǎo háishì bàba hǎo?
엄마가 좋니 아니면 아빠가 좋니?

② 긍정문: 还是…(好) '…하는 편이 좋다'

时间太晚了，还是明天一早去(吧).
shíjiān tài wǎn le, háishì míngtiān yì zǎo qù (ba)
=时间太晚了，还是明天一早去好
신간이 너무 늦어서 내일 아침 일찍 가는 것이 좋겠다.

天气阴，还是把伞带着好.
tiānqì yīn, háishì bǎ sǎn dài zhe hǎo
=天气阴，还是把伞带着(吧)
날씨가 흐리니 우산을 지니는 것이 좋겠다.

9 '把'자문

① 중국어는 우리말과 달리 동사가 목적어 앞에 온다. 그러나 우리말처럼 동사가 목적어 뒤에 올 수도 있는데, 이 경우 목적어 앞에는 전치사 '把'자를 쓴다.

주 어 + 부 사 + 능동사 + 동 사 + 목적어

주 어	부 사	능동사	동 사	목적어
老妈	昨天		洗好了	衣服
lǎomā	zuótiān		xǐ hǎo le	yīfu

엄마는 어제 빨래를 다 했다.

주 어 + 부 사 + 능동사 + 把 + 목적어 + 동 사

老妈 昨天 把 衣服 洗好了

② 문장과 동사 성격에 따라 반드시 '把'자문으로 써야하는 문장도 있고, 또 '把'자문으로 바꿔 쓸 수 없는 문장도 있는데, 목적어가 2개의 사물로 이루어지는 표현에서는 반드시 '把' 자문을 써야 한다.

会计师把钱存在国民银行.
kuàijìshī bǎ qián cún zài guómín yínháng
회계사는 돈을 국민은행에 저축한다.

10 '被'자문

동사 뒤에 있는 목적어가 주어 앞에 올 경우, 이 주체에 의해 동작이 이루어지므로 주어 앞에 피동을 나타내는 전치사 '被'자를 붙여야 한다. 또한 모 주체가 구체적으로 명시된 대상이 아닐 경우, 동사 앞에 '被'를 붙이면 된다. '被'자문은 목적어를 강조한 표현이며, 이러한 문장은 '被'자를 없애고 목적어를 동사 뒤에 위치하면 일반 문형이 된다.

冰棍早就被(弟弟)吃光了. – 冰棍 하드를 강조
bīnggùn(r) zǎojiù bèi (dìdi) chī guāng le.
하드는 벌써 (남동생이) 다 먹었다.

=(弟弟)早就吃光了冰棍.
(남동생은) 하드를 벌써 다 먹었다.

这个玻璃杯被(我)打碎了. – 玻璃杯 유리컵을 강조
zhè ge bōlǐbēi bèi (wǒ) dǎsuì le.
이 유리컵은 (내가) 깨뜨렸다./ 깨졌다.

=我打碎了这个玻璃杯.
나는 이 유리컵을 깨뜨렸다.

11 '就要…了', '要…'·'快要…'·'快…' 용법

'就要(jiùyào)…'·'要…'·'快要(kuàiyào)…'·'快…' 등은 '곧 …하다'의 뜻을 가지며, 다만 동작의 정도차이가 약간 있다. 동작의 과거형은 아니지만, '가까운 미래에 곧 발생'할 것을 의미하며, 문미에 '了'자를 붙여야 한다. 또 '快要…了'·'快…了' 앞에는 구체적인 시간을 쓸 수 없다.

我后天就要走了. (=要…了)
wǒ hòutiān jiùyào zǒu le
나는 모레 곧 가야 한다.

我后天快要(快)走了. (×)

夏天快要到了. (=快…了, 就要…了, 要…了)
xiàtiān kuàiyào dào le
여름이 곧 다가온다.

'該…了', '要…了'

'該'는 '마땅히…해야 하다'의 뜻으로, 과거형은 아니지만, '要…了'와 같이 미래 곧 발생할 것을 뜻하므로 문미에 '了'자를 반드시 써야 한다.

12 '來(去)+동사'와 '동사+來(去)'

동사 '来(오다)'와 '去(가다)'는 다른 동사 앞 또는 뒤에 와서 '동작의 방향'을 나타내는 방향동사가 된다. 앞에 올 경우, "…하러 오다", "…하러 가다"의 표현이며, 뒤에 올 경우, "… 오다" 또는 "…가다"의 표현이다.

① '來(去)+동사'

来 + 동사 + 목적어

我来 上课.
wǒ lái shàngkè.
나는 수업하러 온다.(왔다)

我来逛街.
wǒ lái guàngjiē
나는 쇼핑하러 왔다.

去 + 동사 + 목적어

我去 买 牛奶.
wǒ qù mǎi niúnǎi.
나는 우유를 사러 간다.

我去看电影.
wǒ qù kàn diànyǐng(r)
나는 영화를 보러 간다.

② '동사+來(去)'

동사 + 来

带(拿) 来 了.
dài(ná) lái le
휴대하고(가지고) 왔다.

进 来
jìn lái
들어와, 들어오다.

동사 + 去

带(拿) 去 了.
dài(ná) qù le
휴대하고(가지고) 갔다.

进 去
jìn qù
들어가, 들어가다.

③ '동사+来(去)' 표현 뒤에 목적어가 없으면 동사와 방향동사는 이어 쓰지만, 목적어가 있으면, 목적어는 동사와 방향동사 사이에 위치한다.

동사 + 목적어 + 来	동사 + 목적어 + 去
带 合饭 来.	带 合饭 去.
dài héfàn lái	dài héfàn qù
도시락을 가져와. (가지고 온다)	도시락을 가져가.(가지고 간다)
他进 屋里 来了.	他进 屋里 去了.
tā jìn wū lǐ lái le.	tā jìn wū lǐ qù le.
그는 방안에 들어왔다.	그는 방안에 들어갔다.

13 결과보어

형용사가 동사 뒤에 와서 동작의 결과를 나타내는 것을 '결과보어'라고 한다. 우리말로는 '부사+동사'의 뜻으로 나타내며, 우리말 어순과는 상반된다. 결과보어로 사용되는 어휘는 '好', '完', '光', '多' 등이 있다.

① '好'·'完'·'光'의 결과보어 용법

'好'는 원래 형용사이며, 뒤에 '了'를 붙여 동사화하여 '되다'의 뜻을 갖는다. 또한 동사 뒤에 쓰여 동작의 결과를 나타내며, 이 때 '好'는 결과보어로, '잘' 또는 '다' 등의 뜻을 갖는다. 이밖에 동작의 완료를 나타내는 '完 wán 완료하다'자 및 동작의 의해 아무 것도 없음을 나타내는 '光 guāng 빛'자가 있다.

饭好了.
fàn hǎo le 밥이 됐다.

동사 + 好(결과보어) ① (…를) 잘 (하다)
② (…를) 다 (하다), (…를) 완료하다 (好=完)

请拿好发票.
qǐng ná hǎo fāpiào.
영수증을 잘 가지세요.

饭都做好了.
fàn dōu zuò hǎo le.
밥이 모두 다 되었다.

饭都吃光了.(完)
fàn dōu chī guāng le. (wán)
밥 다 먹었다.

14 동사의 중첩

중국어에서는 동사가 중첩되어 ① '좀…하다'의 의미를 가지며, '동사+동사' 또는 '동사 + 一 + 동사' 또는 '동사 + 一下', '看(보다)'이외의 동사는 또 '동사중첩+看'으로 이루어진다. ② 평상시 늘 하는 일에 대해 가볍고 편안한 의미를 갖기도 한다.

① 问(wèn 묻다) : 问问(좀 물어 보다) = 问一问 = 问问看 = 问一下
看(kàn 보다) : 看看(좀 보다) = 看一看 = 看一下
写(xiě 쓰다) : 写写(좀 쓰다) = 写一写 = 写写看 = 写一下
运动(운동하다) : 运动运动(운동 좀 하다)

② 주 어 + be 동사 + 주격보어

看看电视, 逛逛街 是 她的日常生活.
kànkan diànshì, guàngguang jiē shì tā de rìcháng shēnghuó
TV 좀 보고, 쇼핑 좀 하는 것은 그녀의 일상생활이다.

逛街 guàng jiē 쇼핑하다, 구경하다

“看看电视, 逛逛街”에서 ‘동사의 중첩’은 평상시 하는 일에 대해 가볍고 편안한 의미가 내포되어 있다.

15 형용사의 중첩

‘형용사의 중첩형’은 ‘강조의 어기’를 나타내며, ‘很+형용사’의 표현이 된다. 따라서 중첩된 형용사 앞에는 ‘很’자와 ‘不’자를 붙일 수 없고, 중첩된 형용사 뒤에는 반드시 ‘的’자를 붙어야 한다. 쌍음절 형용사의 중첩은 ‘AABB’형 또는 ‘ABAB’형 및 기타 유형으로 이루어지고, 愉快는 중첩을 할 수 없다.

他的眼睛大大的. (=很大)
tā de yǎnjīng dàdàde. (hěn dà)
그의 눈은 매우 크다.

妹妹的皮肤白白的(=很白), 像雪一样.
mèimei de pífū báibáide (hěn bái), xiàng xuě yíyàng.
여동생의 피부는 매우 하얗다, 눈과 같다.

这家的水果都甜甜的.(=很甜)
zhè jiā de shuǐguǒ dōu tiántiánde. (hěn tián)
이 집의 과일은 모두 매우 달다.

仲秋节的月亮亮亮的.(=很亮)
zhòngqīujié de yuèliàng liàngliàngde
추석의 달은 매우 밝다.

生活平平安安的.(=很平安)
shēnghuó píngpíng'ān'ānde
생활은 매우 평안하다.

他的头发漆黑漆黑的.(=很漆黑)
tā de tóufà qīhēi qīhēide
그의 머리카락은 매우 새까맣다.

她的脸通红通红的.(=很通红)
tā de liǎn tōnghóng tōnghóngde
그녀의 얼굴은 매우 붉다.

那个人做事马马虎虎的.(=很马虎)
nà ge rén zuò shì mǎmǎhūhū de
그 사람은 일을 대충한다.

AABB형 :	快乐	(kuàilè)	→	快快乐乐 (매우 즐겁다)
	高兴	(gāoxìng)	→	高高兴兴 (매우 기쁘다)
	老实	(lǎoshí)	→	老老实实 (매우 얌전하다)
	平安	(píng'ān)	→	平平安安 (매우 평안하다)
	漂亮	(piàoliàng)	→	漂漂亮亮 (매우 예쁘다)
	马虎	(mǎhū)	→	马马虎虎 (그저 그렇다)
ABAB형 :	冰凉	(bīngliáng)	→	冰凉冰凉 (매우 차다)
	漆黑	(qīhēi)	→	漆黑漆黑 (매우 어둡다, 매우 검다)
	通红	(tōnghóng)	→	通红通红 (매우 붉다)
	雪白	(xǔebái)	→	雪白雪白 (매우 희다)
A里AB형 :	糊涂	(hútú)	→	糊里糊涂 (매우 흐리멍텅하다)

16 동사 + 了…, 就…

'了'자는 과거시제를 나타낸다. 문미에 쓰이면 단순과거의 서술형이 되고, 동사 뒤에 쓰이면 '과거형의 강조' 또는 '동작의 긴박감'을 나타낸다. 두 동작이 긴박하게 일어날 경우, '…하고 나서 곧장 …하다'라는 표현은 중국어에서는 앞 문장은 과거형이어야 하며, '了'자는 반드시 동사 뒤에 위치해야 한다.

下了课，就回家.
xià le kè, jiù huíjiā
수업을 마친 후, 곧장 집으로 돌아간다.

回家 huíjiā 집으로 돌아가다

下课了，就回家. (×)

17 '有点儿'와 '(一)点儿'의 용법

'有点儿'와 '一点儿'은 모두 '조금, 약간'의 뜻으로 우리말은 마치 부사로 인식될 수 있으나 '(一)点儿'는 수량사로 문장에서의 위치는 다른 수량사와 같이 명사 앞, 형용사 또는 동사 뒤에 위치하며, "형용사(동사) + 一点儿 + 명사"형으로 이루어진다. '儿'자는 '얼화운'으로 생략해도 되며, 앞에 지시대명사 또는 동사와 함께 사용할 경우 '一'자는 보통 많이 생략한다. '有点儿'은 부사로 품사와 관계없이 앞에 놓이며, 지시대명사 또는 동사와는 함께 쓸 수 없다.

一点儿 + 명사

一点儿 饭
yìdiǎnr fàn
밥 조금
2 1

一点儿 心意
yìdiǎnr xīnyì
약간의 마음(정성)

心意 xīnyì 정성, 마음

有点儿 + 명 사(형용사)

有点儿 饭
밥이 조금 있다.

有点儿 心意
약간의 마음(정성)이 있다.

동 사(형용사) + 一点儿 = 有点儿 + 형용사(명 사)

冷 一点儿 有点儿 冷
lěng yìdiǎnr yǒudiǎnr lěng
약간 춥다. 약간 춥다.
2 1 1 2

吃 一点儿
chī yìdiǎnr
약간 먹다.

주 어 + 동사(형용사) + 수량사 + 명 사

我 喝 点儿 牛奶
wǒ hē diǎnr niúnǎi
(나는 우유를 약간 마시겠다.)
1 4 3 2

你 安静 点儿 吧.
nǐ ānjìng diǎnr ba
(당신 좀 조용히 하시죠.)
1 3 2

18 동사 + 起来

① '起来'는 본동사 '일어나다'의 뜻 이외, 감각기관 동사 뒤에 놓여 '…하기에' 라는 뜻을 가진다.

감각기관 동사 + 起来

闻起来很臭.
wénqǐlái hěn chòu
냄새 맡기에 매우 구리다.

吃起来很香.
chīqǐlái hěn xīang
먹기에 매우 향기롭다.

她看起来很年轻.
tā kànqǐlái hěn niánqīng
그녀는 보기에 매우 젊다.

我看起来不舒服吗?
wǒ kànqǐlái bù shūfu ma
내가 보기에 아프니? 내가 아프게 보이니?

** "내가 보기에 그는 아픈 것 같다"에서의 '보기에' 표현은 중국어에서는 "看起来"로 쓰면 안 되고, "我看 …"로 써야 한다.

我看, 他好像不舒服.
wǒ kàn, tā hǎoxiàng bù shūfu
내가 보기에 그는 불편한(아픈) 듯하다.

② '일반동사(또는 형용사) + 起来' : …하기 시작하다
동작이 위로 향함을 나타낸다.
동작의 완성을 나타낸다.

天气渐渐冷起来了.
tiānqi jiànjian lěngqǐlái le
날씨가 점점 추워지기 시작하다.

** 가까운 미래에 곧 발생할 것을 나타내므로 문미에 '了'자를 붙인다.

他的病好起来了.
tā de bìng hǎoqǐlái le
그의 병은 좋아지기 시작했다.

站起来说.
zhànqǐlái shuō
일어나서 말해.

那件事, 我想起来了.
nà jiàn shì(r), wǒ xiǎngqǐlái le
그 일은 나는 생각이 났다.

19 가정어문

① '만약에', '만일' 등 가정을 나타내는 접속사로는 '如果(rúguǒ)…', '假如(jiǎrú)…', '要是(yàoshì)…', '…的话' 등이 있으며, '…的话'는 원래 '…의 말(말씀)'이란 뜻이다. '…的话'는 또 '如果(rúguǒ), 假如(jiǎrú)', 要是(yàoshì)' 등과 함께 사용할 수도 있다. 예) '如果…的话', '假如…的话', '要是…的话'.
가정어문 뒤에 오는 문장에는 '就' 또는 '那么' 등을 수반하여 앞 뒤 문장의 상관어문을 이루며, '就'와 '那么'가 모두 수반해도 상관없다. 그러나 '也'자가 올 경우 '就'는 쓰면 안 된다.

如果下雨的话, (那么), 我们就不去(了).
rúguǒ xiàyǔ de huà, (nàme), wǒmen jiù bú qù (le)
만일 비가 온다면, (그럼) 우린 곧 안 간다.

=下雨的话，（那么），我们就不去(了).

=如果下雨，（那么），我们就不去(了).

你要是去的话，我也去.
nǐ yàoshì qù de huà, wǒ yě qù
네가 만일 간다면, 나도 간다.

=你去的话，我也去

=你要是去，我也去

假如我是一只小鸟的话，我就可以飞翔天空.
jiǎrú wǒ shì yì zhī xiǎoniǎo de huà, wǒ jiù kěyǐ fēixiáng tiānkōng
만약에 내가 한 마리 작은 새라면, 나는 하늘을 날 수 있다.

=我是一只小鸟的话，我就可以飞翔天空.

=假如我是一只小鸟，我就可以飞翔天空.

我的话，你明白吗?
wǒ de huà, nǐ míngbái ma?
나의 말을 너는 이해하니?

② 가정을 나타내는 접속사가 없는 가정어문

중국어에는 위와 같이 가정을 나타내는 낱말이 있음에도, 가정을 표현하는 단어를 안쓰는 경우가 많다. 즉 가정어 단어가 없어도 가정어문이 된다. 뒤에 문맥에 따라 가정어문이 될 수도 있는 것이 중국어의 특징이기도 한다.

下雪，我们就不去(了).
xià xuě, wǒmen jiù bú qù (le)
눈이 온다면, 우린 안 간다.

你去，我也去.
nǐ qù, wǒ yě qù
네가 가면 나도 간다.

你肚子饿，你就先吃.
nǐ dùzi è nǐ jiù xiān chī
너 배가 고프면 먼저 먹어라.

肚子 dùzi 배(신체)
饿 è 고프다

20 '太…了' 표현과 '很', '非常 fēicháng', '十分', '好'

'太'는 '很', '非常', '十分' '好'와 같이 모두 '매우, 아주, 너무'라는 뜻이다. '很', '非常', '十分', '好'는 평술어에 사용되고, '太'는 감탄사적인 어기가 내포되며, 대체로 뒤에 '了'자를 붙여 쓴다. 그러나 '不太…, 그다지…하지 않다' 부분부정을 나타낼 경우, '了'자를 쓰지 않는다.

韩国太好了!
hánguó tài hǎo le
아! 한국은 너무 좋다.

韩国很(=非常=十分)好.
hánguó hěn(fēicháng, shífēn) hǎo.
한국은 매우 좋다.

她的眼睛很(=非常，十分，好)漂亮.
tā de yǎnjīng hěn (fēicháng, shífēn) piàoliàng
그녀의 눈은 아주 예쁘다.

漂亮 piàoliàng 예쁘다

这套衣服不太好看.
zhè tào yīfu bú tài hǎokàn.
이 옷은 그다지 예쁘지 않다.

套 tào (옷, 가구) 벌, 세트

21 '为什么'와 '怎么'

'为什么'와 '怎么'는 모두 '왜', '무엇 때문에'의 뜻이며, '이유'를 묻는 표현이다. 단 '怎么'는 또 '상황'과 '방법(부사로 '어떻게')'를 묻는 표현을 나타내기도 한다.

你怎么还没去? = 为什么 - 이유
nǐ zěnme hái méi qù
(너는 왜 아직 안 갔니?)

你为什么不在国内升学? = 怎么 - 이유
nǐ wèishénme búzài guónèi shēngxué
(너는 왜 국내에서 진학하지 않니?)

国内 guónèi 국내
升学 shēngxué 진학(하다)

怎么了? 病了吗? ≠ 为什么 - 상황
zěnme le? bìng le ma
(왜 그래요? 아프나요?)

病 bìng 병(이 나다)

我们怎么去? ≠ 为什么 - 방법
wǒmen zěnme qù
우리들 어떻게 갈거니?

'怎么'는 또 '아무리…해도'의 뜻으로 사용되는데, 이 경우 뒤에는 '也'자를 붙인다. '不' 뒤에 쓰여 '별로(그다지) (…하지 않다)'의 표현으로도 사용되는데, 상황에 따라 과거부정인 '没'을 쓰기도 한다.

22 '会'의 능동사적 용법

'会'는 능동사로 '[(배워서)…를] 할 줄 안다'와 '…할 것이다' 예측을 나타내며, 부정형은 모두 '不会'로 쓴다.

① [(배워서) …를] 할 줄 알다

주 어 + 능동사 + 동 사 + 목적어

我	会	说	汉语.
wǒ	huì	shuō	hànyǔ

나는 중국어를 말할 줄 안다.

我	不会	开	车.
wǒ	bú huì	kāi	chē

나는 운전을 할 줄 모른다.

妈妈	会	唱	中国歌.
māma	huì	chàng	zhōnggúogē(r).

어머니는 중국노래를 부를 줄 안다.

② 아마도…할 것이다, …할 가능성이 있다 – 예 측

주 어 + 능동사 + 동 사 + 목적어

明天	会	下	雨.
míngtiān	huì	xià	yǔ

내일은 아마도 비가 올 것이다.

明天 míngtiān 내일
后天 hòutiān 모레

后天	不会	下	雪.
hòutiān	bú huì	xià	xuě

모레는 아마도 눈이 안 올 것이다.

下 xià 오다, 내리다
雨 yǔ 비
雪 xuě 눈

我想，他不会来.
wǒ xiǎng, tā bú huì lái
내 생각에는 그는 안 올 것이다.

23 가게(식당)에서의 표현들 및 ‘來’자 용법

가게(식당)에서의 표현들

“…를 원하십니까?”, “…드릴까요?”, “…주세요.” 등 표현은 ‘要 원하다’, ‘来 오다’ 등 동사로 표현하며, 음식점에서는 ‘要’, ‘来’ 이외, ‘点’으로도 표현한다. ‘点’은 ‘주문하다’의 뜻임.

来(=要)一碗酸辣面.
lái(yào) yì wǎn suānlàmiàn
쑤안라미엔 한 그릇 주세요.

> 碗 wǎn 그릇

请慢慢点吧.
qǐng mànman diǎn ba.
천천히 주문하세요.

> 酸辣面 suānlàmiàn 시고 매운 면, 酸 : 시다
> 辣 : 맵다, 面 : 면, 국수

‘來’자 용법

‘來’는 ‘오다’란 뜻과 주문 받을 때나 할 때 사용하는 것 이외, 또 여러 표현으로 사용된다.

① 來+동사 : 방향을 나타냄. 이를 경우, ‘오다’란 뜻보다는 이 동작에 대한 강한 의지를 나타낸 것이다.

我来介绍一下.
wǒ lái jièshào yíxià(r)
내가 소개를 좀 하겠습니다.

> 介绍 jièshào 소개(하다)

② 자…

来，乾杯.
lái, gānbēi. 자, 건배!

③ '발생'의 뜻을 가짐.

来=发生 fāshēng 발생(하다)

问题又来了.
wèntí yòu lái le
문제가 또 발생했다.

问题 wèntí 문제, 질문

④ '어림수'를 나타냄

'…여', '…남짓', '…몇' 등 어림수를 나타내는 낱말로, '来', '多', '几' 등이 있다. 습관적으로 수사가 1에서 9까지 어림수는 양사 뒤에 쓰이며, '多', '来'를 써야 한다. 수사가 10이상일 경우, 어림수는 양사 앞에 쓰이며, '来', '多', '几' 등을 모두 쓸 수 있다. 양사가 없을 경우 '来'를 쓰지 않는다.

两个多(=来)月.
liǎng ge duō (lái) yuè
두 달 남짓.

十多(=来, 几)个学生.
shí duō (lái, jǐ) ge xuéshēng
10여(몇)명의 학생

四十多(=来, 几)年.
sì shí duō (lái, jǐ) nián
40여(몇) 년.

一百多(=来, 几)斤.
yì bǎi dūo (lái, jǐ) jīn
100근 남짓(100 몇 근).

一百多(=几).
100이 넘는다.

24 '명사(또는 형용사) + 了'의 표현

명사 또는 형용사 뒤에 '了'자를 붙이면, 상황의 완료형이 된다.

주 어 + 형용사

冬天 了.（=冬天到了）
dōngtiān le (dōngtiān dào le)
겨울이다./ 겨울이 되었다.

冬天 dōngtiān 겨울

病 好 了.
bìng hǎo le
병이 나았다.

饭 好 了.
fàn hǎo le
밥이 되었다.

25 '동사+上'

'上'자는 동사로 '下'와 아울러 여러 의미를 지닐 뿐 아니라, 또 동사 뒤에 사용하여 보어역할을 하며, 높은 곳으로 향하거나, 따라잡거나, 목적의 실현이나, 사물의 이루어짐 등 여러 용도로 사용된다. 부정형은 '동사+不+上'형으로 '不'자를 '上'자 앞에 써서 '上'자에 대한 부정형을 구사한다..

我爬上喜马拉雅山了. — ① 높은 곳으로 향함

wǒ páshàng xǐmǎlāyāshān le.

나는 히말라야 산에 올랐다.

爬 pá 기다

我爬不上喜马拉雅山.

나는 히말라야 산을 오를 수 없다.

喜马拉雅山 xǐmǎlāyāshān 히말라야 산을

我赶上了最后一班车. — ② 따라잡다

wǒ gǎnshàng le zuìhòu yì bān chē.

나는 막차를 따라잡았다.

我赶不上最后一班车.

나는 막자를 따라잡지 못한다.

弟弟考上大学了. — ③ 목적의 실현

dìdi kǎoshàng dàxué le

남동생은 대학에 붙었다.

考 kǎo (시험) 치다
考试 kǎoshì 시험 치다

弟弟考不上大学.

남동생은 대학에 못 붙는다.

连系上了吗? — ④ 사물의 이루어짐

liánxìshàng le ma

연락이 되었니?

连系 liánxì 연락(하다)

连系不上吗?

연락이 안 되니?

把灯关上.

bǎ dēng guānshàng

불을 끄다.(불을 꺼라)

关不上.
꺼지지 않다. 닫히지 않다.

26 '명사+上'

'上'자를 명사 뒤에 붙여 접미사 역할을 하며, 물체 위, 표면 또는 안에 있음을 나타낸다.

山上开满了花草.
shānshang kāi mǎn le huācǎo.
산에는 꽃과 풀이 가득 피었다.

花草 huācǎo 화초, 꽃과 풀

街上有许多人.
jiēshang yǒu xǔduō rén.
길에는 많은 사람들이 있다.

许多 xǔduō 많은

书上有知识. (=里)
shūshang yǒu zhīzhì (lǐ)
책에는 지식이 있다.

知识 zhīzhì 지식

不能在课堂上睡觉.
bù néng zài kètáng shàng shuìjiào.
수업 장소에서 잠을 잘 수 없다.

睡觉 shuìjiào 잠을 자다

27 숫자 세는 법

① 중국어에서 번호(전화 · 객실 · 여권 · 신분증 등)를 읽을 때, 백 단위 이상 숫자일 경우, 숫자만 읽어주면 되고, 숫자 '1'을 'yī'로 발음하지 않고, 통상 'yāo'로 발음하는데 대만에서는 '1'의 원래 발음 'yī'로 발음한다.

31号 (sān shi yī hào)	31번(31호)
316号 (sān yāo liù hào)	316번(316호)
2119号 (èr yāo yāo jiǔ hào)	2119번(2119호)
507号 (wǔ líng qī hào)	507번(507호)
3008号 (sān líng líng bā hào)	3008번(3008호)

13912257788 (yāo sān jiǔ yāo èr èr wǔ qī qī bā bā)

② 연도에 있어서는 수사단위를 읽을 수도 있고, 숫자만 하나하나씩 읽을 수도 있다. 여기에서는 '1'은 'yī'라고만 읽고, 'yāo'라고 읽지 않으며, 수사단위로 읽을 경우, '2'는 '二(èr)'이 아닌 '两(liǎng)'으로 습관적으로 읽는다.

1993年 (yī jiǔ jiǔ sān nián 혹은 yì qiān jiǔ bǎi jiǔ shí sān nián)

2006年 (èr líng líng liù nián 혹은 liǎng qiān líng liù nián)

③ 가격에 있어서는 숫자단위를 넣어서 말한다.

2005块钱	(liǎng qiān líng wǔ kuài qián)
2050块钱	(liǎng qiān líng wǔ shí kuài qián)

2500块钱 (liǎng qiān wǔ bǎi kuài qián)

2500 (liǎng qiān wǔ bǎi 혹은 liǎng qiān wǔ)

250 (liǎng bǎi wǔ shí 혹은 liǎng bǎi wǔ)

만리장성
중국어 2

초판인쇄 | 2013년 9월 5일
초판발행 | 2013년 9월 9일
저　　자 | 왕옥지
발 행 인 | 이성범
발 행 처 | 문운당
주　　소 | 서울시 종로구 혜화로5길 16(명륜1가 45-3)
전　　화 | (02)762-6010
팩　　스 | 영업 (02)745-0265 / 편집 (02)762-8758
홈페이지 | http://munundang.co.kr
이 메 일 | munun2@chol.com

ISBN 979-11-85224-17-6 13720

* 저자와의 협의에 의하여 인지를 생략합니다.
* 저작권법에 의해 보호를 받는 저작물이므로 무단 전재와 복제를 금합니다.
* 이 책에 사용된 사진 중 일부는 저작권 계약을 맺은 것입니다. 저작권자를 찾지 못해 계약이 체결되지 않은 일부 도판에 대해서는 연락주시면 저작권을 체결하고 그에 상응하는 사용료를 지불하겠습니다.

정가 20,000원